日本人の
9割がやっている

残念なマナー

The Manners of an Unfortunate Person

話題の達人倶楽部［編］

JN197801

青春出版社

はじめに

「マナーが人をつくる」という言葉の通り、マナーを知ることは同時に他人に対して配慮ができる人間に成長できるということです。

しかし、ほとんどの人がマナーを守った方が良いと思っているにも関わらず、マナー違反をする人で溢れています。自分の行為をマナー違反だと気づいていないからです。

たとえば、みんなで食事をする際に、箸を逆さにして取り分けるのは「逆さ箸」というマナー違反ですが、本人はそもそもマナー違反だと知らないでいます。周りの人が指摘することはほとんどありません。なぜならば、良かれと思って取り分けている人に対して注意しにくいものだからです。「良い人なんだけど、残念だよね」ウラでそう思われているかもしれません。マナーを知らないことは恥ずかしいことなのです。

さらに、時代の変化と共にマナーも変わります。かつてSNSはここまで普及していませんでしたが、現在はSNS上でも守るべきマナーが存在します。常にマナーを更新し続けなくてはなりません。

本書を手に取って下さった方が、最新のマナーをおさえることで「できる大人」に近づく手助けになったら、こんなに嬉しいことはありません。

日本人の9割がやっている　残念なマナー　目次

Step 1 残念な「ビジネス」のマナー

Step ② 残念な「人付き合い」のマナー

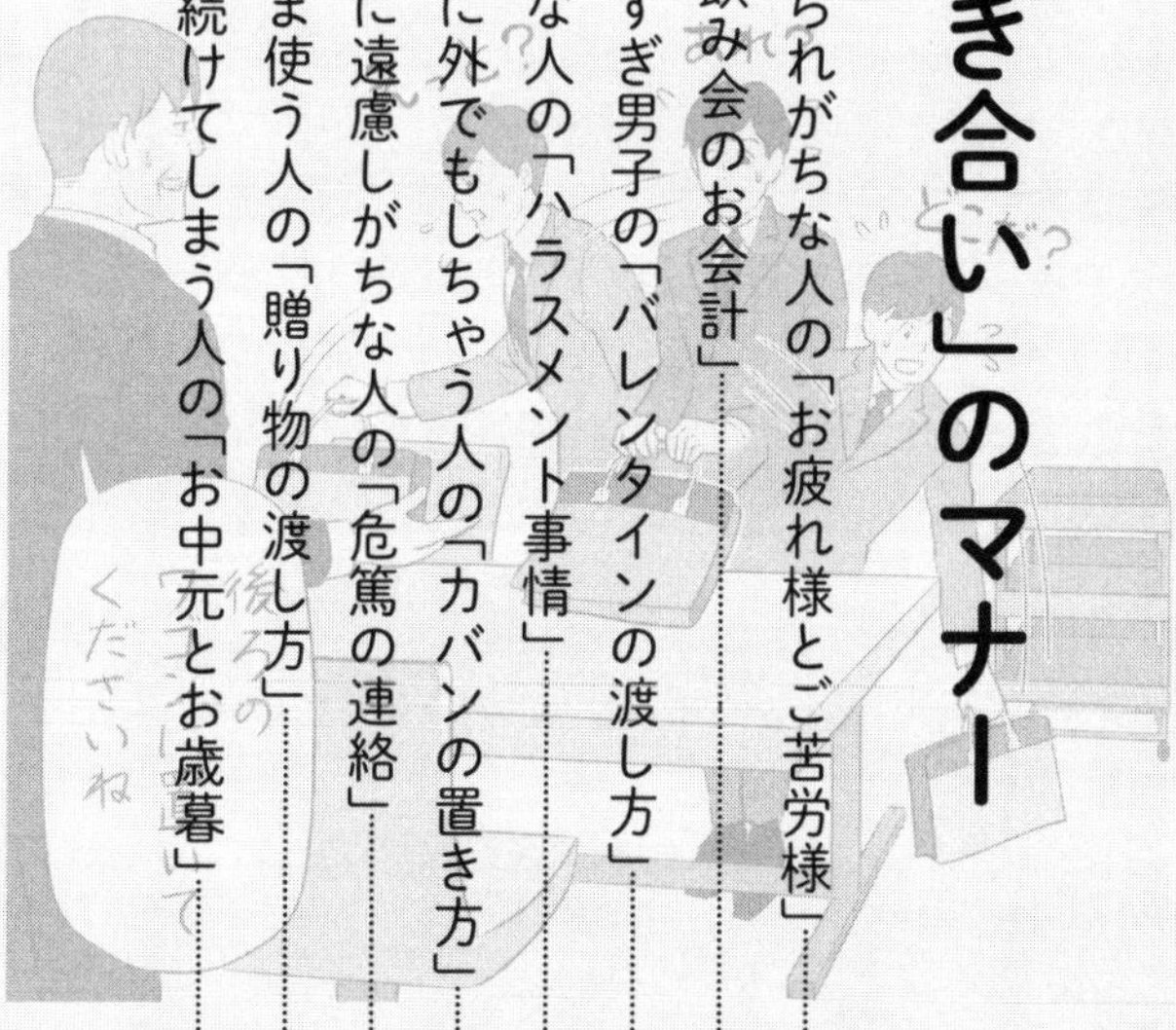

Step ③ 残念な「言葉遣い」のマナー

Step ④ 残念な「公共の場」のマナー

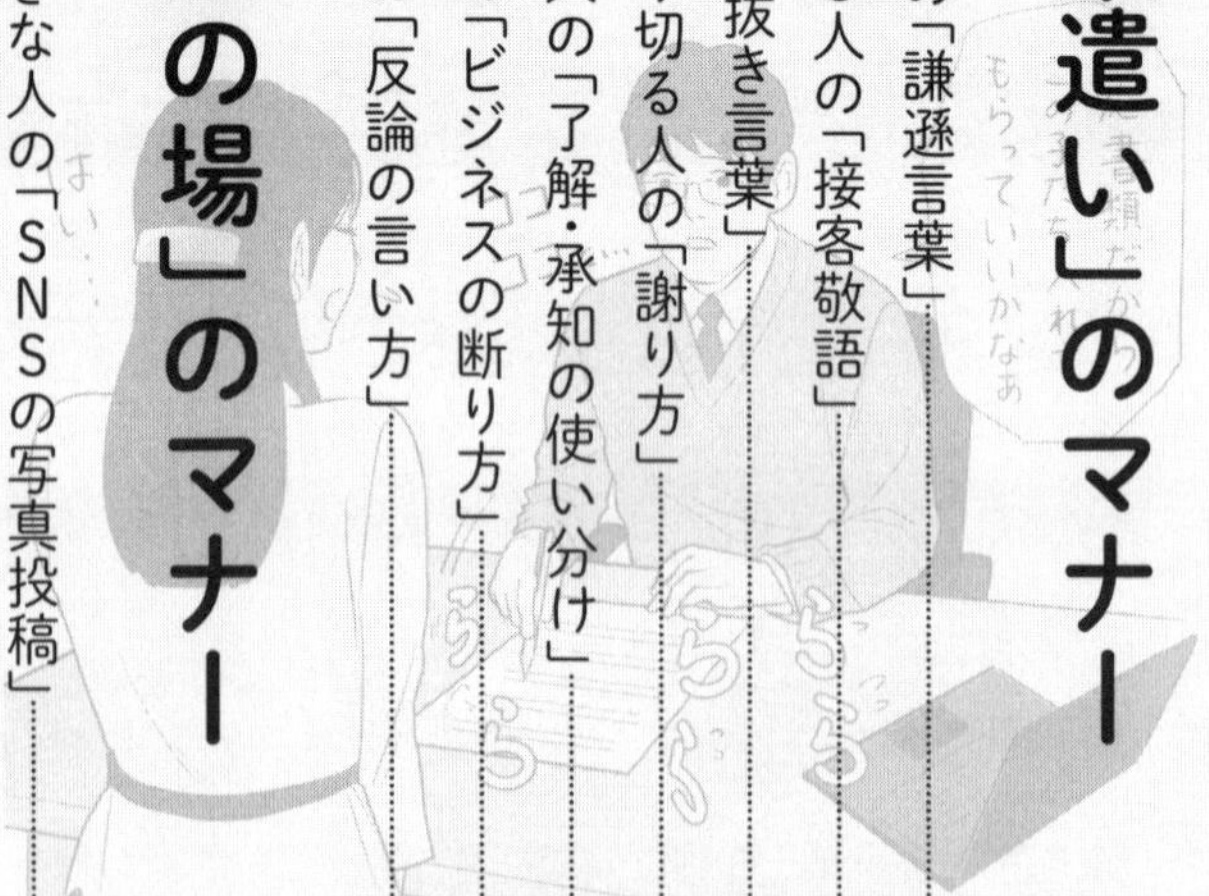

Step ⑤ 残念な「冠婚葬祭」のマナー

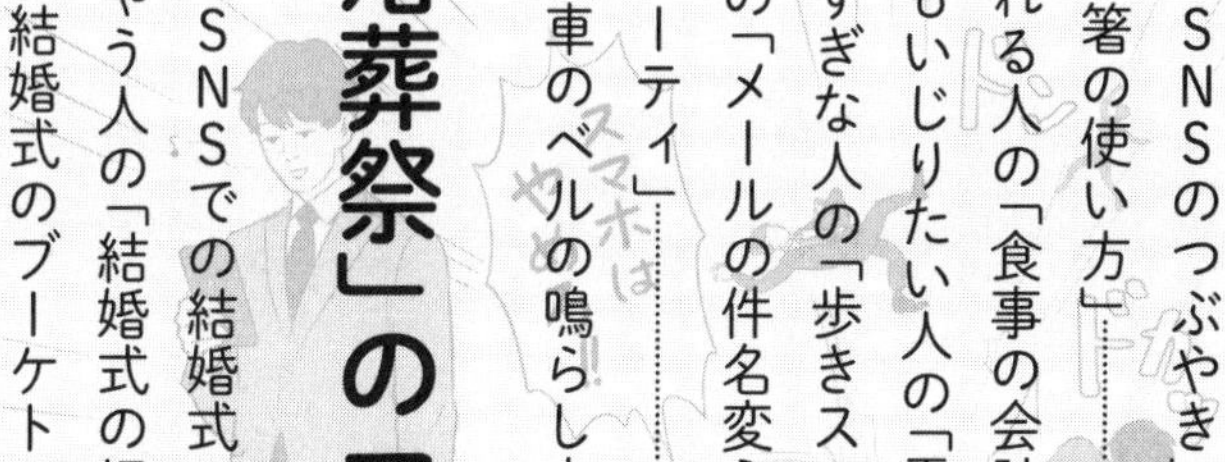

カバー・本文イラスト▼栗生ゑゐ子
本文デザイン・DTP▼伊延あづさ・佐藤純（アスラン編集スタジオ）
編集協力▼青木啓輔（アスラン編集スタジオ）

Step

①

残念な「ビジネス」のマナー

Case 1

張り切りすぎな人の「○○分前行動」

取引先との打ち合わせなどで、相手の会社に早めに着きすぎてしまっていないでしょうか。5分前なら問題ありませんが、あまり早く着きすぎると相手に迷惑をかけてしまいます。

なぜ早く着くと迷惑をかける？

日本では、予定の時間より早く動くことが美徳とされています。学生時代にそうすべきだと教えられた人も多いのではないでしょうか。社会人になっても「遅れるより早く着くべき」として、10分以上前に着く人も少なくありません。でも、「熱意や誠意があり余りすぎて、迷惑をかける」そんな残念な人になっていませんか？

取引先との打ち合わせなどで、早めに相手の会社に着いてしまっても、すぐに相手を呼び出すのは好ましくありません。

予定時刻より早く訪問してしまうと、相手側は会議室の手配やお茶・資料などの事前準備が整っていない可能性があります。他の仕事を切り上げて訪問した人の対応をしなければならないなど、迷惑がかかるかもしれません。

理想の訪問時間は約束の時間ぴったり。早くても5分前です。5分程度なら会議室への移動などを経て、時間ぴったりに打ち合わせを開始できます。

ただし、受付のある会社に関しては少し早めの時間に訪問したほうがよいでしょう。受付で訪問者の情報を所定の用紙に書き込む時間などもありますので、4分前を目安にします。

また、訪問先が大きな企業だと受付を待つ人が並ぶこともあります。特にアポイントの時間が午後の早い時間には受付が混雑しやすいので、約束の5分前に訪問したら丁度よいくらいと想定していいでしょう。

気遣い上手な人がする理想の訪問とは？

当たり前ですが、早めの訪問以上にNGなのが遅刻です。

電車など交通機関の乱れにも対応できるよう、多少の余裕を持って出発しましょう。自社から訪問先への距離や、利用する交通機関にもよりますが、少なくとも10分、できれば20分ほど早めに到着できるように出発するのが基本です。

訪問先の近隣に着いたら、まず訪問する会社の位置を確認しましょう。

その後、時間に余裕があれば、訪問先から少し離れ、近くのカフェなどで時間をつぶします。打ち合わせの資料などを見直して確認するのが理想です。確認が終わったら、打ち合わせ時に資料と名刺をすぐに取り出せるようにしておきましょう。
その他、身だしなみを整えるためにも多少の時間を確保します。雨の泥はねや口臭、汗などのないように身だしなみを整えます。夏場は汗がひくのに時間がかかりますし、女性ならお化粧直しなどもあります。夏場でも汗一つない、強風でも乱れていないと取引先の相手に見られると、できる大人認定されることでしょう。

また、アポイントをとってから当日まで時間があく場合は、前日、前々日に一度確認の連絡するのがおすすめです。こちらだけではなく、相手もアポイントを忘れている可能性もあります。その場合には、相手に感謝されることでしょう。また、打ち合わせ内容の思い起こしもされ、スムーズな打ち合わせが行われます。

Point

打ち合わせの本題に入る前に「残念な人」と思われないようにしよう

Case 2

バカを見てしまう正直者の「名刺の渡し方」

いざ名刺交換するときに、名刺を忘れてしまった！　このとき、どうすればよいでしょうか。カバンの中をガサゴソと探したり、正直に「名刺を忘れた」と伝えてしまうのはマナー違反。あえてウソをつくのも一つの手です。

ウソも追従も世渡り

日本のビジネスシーンでは、初対面の相手と名刺交換をして自己紹介をする慣習があります。しかし、うっかり名刺を忘れてしまい、あわてた経験はないでしょうか。

こんなとき、わざわざ名刺を忘れてしまったと正直に言う必要はありません。

「申し訳ございません、あいにく名刺を切らしてしまいまして……」

とウソをつくのがマナーです。なぜなら、名刺を忘れたと伝えてしまうと、相手に「軽く見られている」と受け取られるからです。

もちろん、名刺を切らすことも、前もって準備していないため、相手に対して失礼に当たりますが、名刺を忘れることに比べれば仕方ないと感じてくれるものです。

相手は名刺が切れているのか忘れているのか判断できません。そのうえ、「名刺を切らした」は定番フレーズとも言えるくらい普及していますので、相手から名刺を持参していない理由を追及されることはないでしょう。まさに、ウソも追従も世渡りなのです。

プライベートの場で名刺を配りすぎない

ビジネスを成功させるには人脈が欠かせない要素です。そのため、プライベートの場でも名刺を渡している人はいるのではないでしょうか。営業活動として、飲み会の場などで名前を売っておくことは必ずしも悪いことではありません。しかし、むやみやたらと名刺を配りすぎると、思わぬトラブルに発展する恐れもあります。

名刺は基本的にビジネスの場で使うツールです。ビジネスで受け取った名刺は厳重に管理してもらえるでしょうが、飲み会で受け取った名刺は忘れられたり、なくされたりなどぞんざいに扱われがちです。会社名や自分の氏名、電話番号、メールアドレスなどが書かれているため、配れば配るほど個人情報も広がっていきます。そのため、会社にも多大な迷惑がかかってしまう恐れもあります。

Point

あえてウソをつくことも一つのマナー

Case 3

要領が悪い人の「添付ファイルの送り方」

メールでやり取りをする際に、添付ファイルでデータを送ることも少なくないでしょう。その際に注意が必要なのが添付ファイルのサイズの大きさ。2MB以上の大きいデータを送ってしまうと相手に迷惑をかけます。

サイズの大きい添付ファイルを送ったらどうなる？

メールの添付ファイル機能は、離れた相手と気軽に文書をやりとりできる便利なものです。ただし、添付ファイルのサイズには注意が必要。あまりにファイルサイズが大きいと、相手に迷惑をかけてしまいます。

というのも、サーバーのメールボックスにはパソコン、または会社によって容量が決まっているからです。その容量を超えたメールはサーバーからはじかれてしまい、相手に届けることができません。そのため、メールを「送った」「届いていない」というすれ違いが起こり、トラブルに発展してしまうかもしれません。

もちろん、自分側のサーバーの問題もあります。自分のパソコンのメールサーバーの容量が小さい場合にも、相手に送ることはできません。設定を一度確認するようにしましょう。

もし、容量が大きくないにも関わらず、添付ファイルのついたメールが届かない場合は、「迷惑メールフォルダ」に振り分けられてしまっている可能性もあります。一度チェックしてみましょう。

一般的に、添付ファイルで許されるサイズの目安は2MBまで。もちろん、普段から大きいサイズのファイルをやり取りしている相手なら問題ありませんが、相手の環境がわからないなら、2MB以内で送るのが無難です。

送るときの前準備とは？

送りたい添付ファイルのサイズが2MBを超える場合は、まず相手に一度連絡をとるようにします。

メールや電話で「5MBのファイルを送りたいが、添付ファイルでも大丈夫かどうか」という旨を確認してみるわけです。相手の環境がそのファイルを受け取れるかどうかを確認したうえで、送付というステップを踏みましょう。

会社によっては、「3MB以上のファイルのやりとりは自社サーバーにアップする」といった規定を設けているところもあります。あらかじめ送付手段を相談するのは、相手企業のルールを確認するためでもあります。

外部の「ファイル転送サービス」や「オンラインストレージサービス」を使うのも一つの手です。イメージとしては、駅のコインロッカーのようなもので、こちらが外部のロッカーにファイルを預け、その鍵となるURLなどを相手に伝えることで、取りに行ってもらう（ダウンロードしてもらう）方式です。

無料でサービス提供しているところが多く、また簡単なので便利ですが、会社によっては情報管理のため、利用を禁止しているところもあります。

なお、メールで添付ファイルを送るときは、本文中にその旨を明記します。人によっては、スマホなどのタブレットでメールを見る場合もあるため、サイズの大きいときはスマホではなくパソコンでダウンロードしたいと思うはずです。

添付ファイルの数が3ファイル以上と多いときは、圧縮して1つのファイルにして送ることも大切です。複数の添付ファイルを1つずつダウンロードしなければならない仕様のメールソフトもあり、相手が手間と感じてしまいます。ダウンロード漏れを防ぐためにも、圧縮が効果的です。

パスワードの伝え方

添付ファイルやファイル転送サービスを利用する際は、パスワードを設定することがあります。会社の規定にもよりますが、最低限、個人情報や機密情報が書かれた文書はパスワードを設定するのが義務です。

パスワードの伝え方にも細心の注意が必要です。

添付ファイルとパスワードを同一のメールで知らせるのはナンセンス。たとえるなら銀行の通帳と印鑑を一緒に保管するようなもので、万が一、宛先を間違ってしまったときなどに重要情報が漏れてしまう可能性があります。

添付ファイルをつけたメールと、パスワードのみを伝えるメールの2通に分けて送りましょう。先述した「添付ファイルとパスワードを同一のメールで送る」よりは安全性が高い方法です。

ただし、メールをクラッキング（ネットワークシステムに不正に侵入してコンピュータを不正に利用する）されてパスワードを読み取られるなどの危険性がないわけではありません。

もっとも理想的な方法は、別経由でパスワードを伝えること。メールで添付ファイルを送ったら、電話でパスワードを知らせるなどが代表的な方法です。もし外部からメールを読み取られても、別の伝達手段でパスワードを伝えていれば、ファイルを開くことができません。

Point

サイズが大きい、重要な添付ファイルはトラブルのもと。送り方には細心の注意を！

Case 4

仕事ができない人の「パソコンのデスクトップ」

データをデスクトップに保存してそのままにしていませんか？　これは机の上を散らかしっぱなしにしているようなもの。データを探す時間がかかったり、紛失する恐れもあります。

デスクトップが汚い人は「机の上」も汚い？

パソコンのデスクトップにゴチャゴチャとファイルを置いていないでしょうか。プライベート用のパソコンであれば誰にも文句は言われないでしょうが、会社のパソコンのデスクトップを散らかしておくのはＮＧです。

デスクトップにファイルを散らかしておく最大のデメリットは、データが消えてしまう可能性が高いことです。デスクトップに保存したファイルは、ハードディスクの障害やＯＳの不具合、ウイルスの攻撃に弱いと言われています。

また、デスクトップ上はさまざまなファイルやソフトのアイコンなどが混在しています。整理整頓しようとファイルを移動したり削除したりすると、誤って重要なファイルまで削除してしまう可能性が高くなります。

机の上を散らかしていると、重要な書類がなくなってしまうのと同じです。

机の上が散らかっていると、必要な書類を取り出すのに時間がかかるように、デスクトップの上に散在したデータは、探しづらいというデメリットもあります。

「3階層」のファイル整理法

ファイルの整理は「3階層」が基本です。

これは紙資料の場合も同じで、「引き出し↓ファイル↓ジャンル別クリアファイル」といった3階層で保存するのではないでしょうか。そのクリアファイルを、プロジェクトごと、クライアントごと、時系列ごとなどに並べたり、ラベルを付けたりするとすっきりわかりやすいファイリングになるはずです。

デジタルデータの場合にも、フォルダ機能を利用した3階層が基本です。たとえば「書類フォルダ↓クライアントフォルダ↓案件」「クライアントフォルダ↓(地方別)東北フォルダ↓宮城県」などです。「大↓中↓小」を意識するとよいでしょう。

ファイル名をわかりやすくつけることも大切です。たとえば「企画」だけでは何についての企画か、ファイルを開かない限りわかりません。業務内容や職種によって最適なファイル名は違いますので、ルールに従ったファイル名をつけていく必要があります。

たとえば「A社企画書」「企画書B社」「企画書―C社」ではファイルの並び方が変わってしまいます。目的のファイルをすぐに開けるほうを選択しましょう。

バージョン管理も大切です。企画書などの書類は、仕事が進むにつれて内容をブラッシュアップしていくもの。01、02、03……と連番をつける、日付をつけるなどで、バージョン管理します。

机の上の紙資料を探すのも時間のムダですが、パソコンの中のファイルを探す時間もムダです。「ついついそこに保存する」クセをやめれば、仕事の効率が上がり、時短につながります。

Point

机の乱れは心の乱れ。デスクトップも同じである

Case 5

おおらかすぎる人の「個人情報の取り扱い」

個人情報保護法の施行以降、個人情報の取り扱いが厳格化されましたが、個人情報流出のニュースは後を絶ちません。個人情報をどのように管理し、廃棄するか確認してみましょう。

情報管理はますます厳格に

2005年に個人情報の保護に関する法律（個人情報保護法）が施行されて以降、個人情報の取り扱いがとても厳しくなりました。さらに2018年には中小企業・小規模事業者も含めて、個人情報を取り扱う「すべての事業者」に適用される改正法が施行されています。

すべての事業者とは、マンションの管理組合、NPO、自治会、同窓会など、非営利組織であっても紙やデータで名簿を管理していれば個人情報保護法の対象となるので注意が必要です。

実際に、個人情報が流出してしまうと全国的なニュースになりますし、懲役や罰金刑に処せられることも。従業員が不正な利益を得るために個人情報を盗用した場合は、1年以下の懲役、または50万円以下の罰金という厳しい罰則もあります。

個人情報はどこから漏洩する？

そもそも個人情報とは、会社名や氏名、電話番号や誕生日など、個人を特定できる情報のこと。「生年月日と氏名の組み合わせ」「顔写真」などは当然ですが、氏名のみでも個人情報となりますので注意が必要です。

これらの情報が記載された書類を処分する際は、必ずシュレッダーにかけるのが基本です。当たり前のことなのですが、意外とヌケが起きることがあります。

たとえば名簿などの書類は気を遣っているのに、ハガキや名刺をついつい足元のゴミ箱に捨ててしまう、そうならないように処理をしましょう。

日本ネットワークセキュリティ協会の2018年の調査によると、個人情報が流出した原因は「紛失・置き忘れ」が26・2％、「誤操作」が24・6％、「不正アクセス」が20・3％でした。これら3つの原因で7割を超えています。

もちろん、不正アクセス対策も重要ですが、それよりも「紛失・置き忘れ」と「誤操作」であれば、自分で注意すれば防ぐことができます。

個人情報にはさまざまな悪用手段があります。住所や氏名、年齢などが流出すると、その名簿が詐欺や悪徳商法のリストとして利用されてしまう恐れがあります。また、クレジットカードの履歴が流出すると、個人の購入履歴が暴露されてしまう恐れもあるでしょう。個人情報は大切な情報だという認識を常に持っていれば、安易なミスによる漏洩は防げるのではないでしょうか。

仕事だけではなくプライベートで使っているスマホにも個人情報は詰まっています。自分だけでなく友人の個人情報を漏らさない為に、パスワードは絶対にかけておきましょう。

Point

情報管理はビジネスの「きほんのき」

Case 6

機能性第一主義な人の「ビジネスリュック」

ビジネスシーンでリュックを使うことについては賛否両論。年代や業界によってリュックへの捉え方は大きく異なります。ビジネスシーンでリュックが嫌がられる背景には何があるのでしょうか。

リュックを毛嫌いする理由とは

会議や打ち合わせなどで、ノートPCは必需品となっています。その他、書類や資料も必要となるとどうしても荷物は多くなり、その重さにうんざりするものです。そこで、リュックは収納量が多く、体への負担が少ないため支持する人が多くいます。両手がふさがらないため、傘などを手に持ちやすいのもリュックの魅力のひとつでしょう。

このように、ビジネスシーンでも便利なアイテムであるため、最近は若い世代を中心にリュック使用者が広がっています。2011年に起きた東日本大震災で、首都圏では帰宅難民となる人が多く、これ以降急激に普及したとも言われています。自社が定めるドレスコードで許されているのであれば、積極的に活用してもよいのではないでしょうか。

ただし、他社との打ち合わせなどにリュックで行くと印象がよくない可能性があります。そもそもリュックは登山用に開発されたものです。2010年代に入ってからビジネスモデルのリュックが販売されるようになりましたが、年配の世代にはまだアウトドア用バッグという認識があるため、遊びに行くような身軽さを感じさせてしまいます。

つまり、ビジネスシーンにおけるリュックの使用は、世代や社風によって考え方に大きな差があるということに注意しましょう。仕事で会う人のリュックに対しての考え方がわからない限り、避けたほうが無難と言えます。少なくとも、初対面や最初の訪問ではリュックを避け、一般的なビジネスバッグに持ち替えるようにしましょう。

カシコいビジネスパーソンのリュックの選び方

会社でリュックでの通勤を許可されていても、服装がスーツの場合は多少、問題があるかもしれません。

というのも、リュックはスーツを痛めやすいからです。背負っている間、リュックはスーツの背中や肩などの部分に接しています。移動中はリュックが振動で動くため、接している部分が擦れてしまうのです。接している部分がテカテカしたり、擦れてしまいます。型崩れやシワなどのことを考えると、リュックはあまりおすすめできない部分があるわけです。

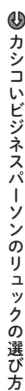

スーツの痛み防止には、背中との接触面積を少なくすること。パソコンを衝撃から守るウレタン素材などのクッションが入っていると、盛り上がりができるために接触面積が減ると言われています。さらにメッシュ素材になっていると、通気性がよくなるために汗がしみづらく、スーツとの摩擦が減ると言われています。ベルト部分も、クッション素材、メッシュ素材などがおすすめです。

その他、両肩のベルトを結ぶチェストベルトがついていると、重さが軽減されるので、肩こりや疲れを予防することができます。

言うまでもありませんが、アウトドア用のリュックではなく、ビジネスユースのものにするのはマストです。装飾が少なく、大人しいデザインで、遊びの雰囲気が感じられないものにします。仕事にふさわしい高級感のあるものを選びましょう。

Point

スーツ文化はいまだに根強いため、TPOによってバッグも使い分けよう

Case 7

「やりとりはメールか電話」が常識な人の「ビジネスチャット」

ビジネスの世界で、メールより手軽な連絡方法としてチャットが使われ始めています。チャットはプライベートでも使っている人が多いため、その延長線上で使ってしまう人も多いのですが、最低限のマナーは守りましょう。

なぜビジネスにチャットが増えている？

メールが普及して以降、仕事でのやり取りは主にメールと電話で行われてきました。しかし、最近ではスマホの普及なども影響し、仕事上でチャットやメッセンジャーを使う機会が増えています。

特に社内のやり取りであれば、気軽にやり取りができるチャットのほうがメールより便利かもしれません。関わる業種や職種によっては、社外の人ともグループチャットを活用してコミュニケーションをとることもあります。

現代では、すでに仕事でチャットを使うことは決して失礼にあたらなくなったと言えるでしょう。世間の動向や相手の要望に合わせて、取り入れてみてはいかがでしょうか。

ただし、気軽にコミュニケーションがとれるツールであるだけに、思わぬ落とし穴があるので注意が必要です。

チャットでやり取りする際は、できるだけ前置きを書かないように気をつけましょう。毎回のように「お世話になっております」「○○社の□□と申します」などの前置き、挨拶を入れてしまうと、やり取りがスムーズに進行しません。メールを送る際は前置きや挨拶が必須ですが、チャットではこれらの前置きを省略して問題ありません。

ただし、チャットは簡潔にコミュニケーションをとるツールですので、複雑な要件を伝えるのに向いていません。チャットでやりとりをしている間に話が複雑になってきたら、途中でメールや電話などに切り替えるようにしましょう。

感情的な表現を使ってはいけない理由

いくら手軽に使えるツールとはいえ、気軽に仕事のチャット文を作るのはNG。仕事ですからビジネスマナーがあります。

そもそも、文章を介したコミュニケーションは相手の表情や声色を感じることができません。また、相手にわかるように伝えていなかったり、思わぬ誤解を招いたりしますので、対話や電話以上に気をつけるべきなのです。

さらにチャットは短文でやりとりするため、相手のメッセージに対して、反射的に文章を書きがちです。そのため、意図せず攻撃的な表現になってしまう可能性があります。特に感情的な表現、ネガティブな表現を使わないよう、十分に注意してください。文章を書いたら、一拍おいて見直してから送信ボタンを押しましょう。

万が一、相手を不快にさせてしまった際にも、反射的にチャットで言い訳するのも避けます。相手の怒りを増幅しかねません。素直にお詫びの言葉を述べ、後ほど改めて連絡するように伝えます。その後、電話や対面で謝るようにします。

チャット使用時間のルールとは

かつて、メールをチェックするのは「会社にいるとき」が一般的で、遅い時間や早朝、週末などにメールを送っても、特に問題ありませんでした。相手がそれをチェックするのは翌日の出社後だったからです。

しかし、最近は仕事のメールやチャットを、スマホでいつでもチェックすることが可能になりました。

こうなると、メールやチャットを送る時間帯にも注意が必要になってきます。

特に、深夜や早朝、休日のチャットは「急ぎの用件」と受け取られがち。たいした話でもなければ、休息中の相手に迷惑がかかってしまいます。チャットでのやり取りは営業時間内に済ませ、営業時間外には送らないのが基本です。

また、営業時間外で返信しなくてもマナー違反ではありません。むしろ、営業時間外は仕事をしないと無言の意思表示をするのも大切です。

業務時間外でのチャットが気になるなら、機内モードでメッセージに目を通す方法があります。LINEなど一部のチャットアプリでは機内モードだと既読がつかないようになっています。内容を確認して、急ぎだと思えば返信を、そうでなければ営業時間内に返信できるので便利です。利用しているチャットサービスの機能を確認してみましょう。

グループチャットのメリットとデメリット

ビジネスにおいて、特にグループチャットはかなり便利です。どこでも簡単に会議ができますし、やり取りの時間も大幅に削減できます。みんなに一斉に伝えたいことがあるときはすぐにメッセージを送れます。

また、プロジェクトの管理も、チャット上で行うことで、進捗状況を逐一みんなで共有できるようになりました。

一方で、頻繁なやり取りが発生することから、グループチャットでの会話の流れに入れないと重要な発言をし損ねてしまうというデメリットもあります。また、大量の通知の中から、情報を見逃してしまうかもしれません。そのため、たとえば、重要なことはメールで再度送るなど、グループチャットのルールをつくるようにしましょう。

Point

チャットはあくまでコミュニケーション・ツールのひとつ。メリット・デメリットを把握して使い分けよう

Case 8

書類にも謙遜が出すぎな人の「印鑑のお辞儀押し」

印鑑は真っ直ぐ押すものですが、金融業界など一部の企業では、印鑑を斜めに押す文化が浸透しています。電子印鑑にまで傾ける機能が導入されています。なぜ斜めに押すのでしょうか。また、そうすべきなのでしょうか。

印鑑を斜めに押す理由

金融機関などの一部の企業では、複数の人が印鑑を押す社内の回覧文書などの場合、上司が印鑑を押すスペースに向けて、「あえて斜めに傾けて押す」ことがあります。なぜ斜めに押すのかというと、上司の押す印鑑にお辞儀をしているように見えるからです。この習慣はデジタルの世界にも浸透しており、電子印鑑に傾ける機能が搭載されていることもあります。

なかには、これをマナーとして正しいと主張するマナー講師もいるようです。

しかし、斜め押し文化は一部企業のみ。一般的な考え方に照らし合わせると、この習慣はマナー違反と言えるでしょう。

場合によっては、真っ直ぐ押せないだらしない人と思われてしまう可能性があります。仮に相手が「お辞儀の意味」と知っていたとしても「そこまでへりくだる必要はない」と、かえって不快にすることもあるでしょう。

社内で「斜めのお辞儀押し」習慣があれば、自社だけの文化と捉えてください。「社内では斜め、外部への書類はまっすぐ」が無難です。

印鑑文化を疑問視する声も？

印鑑を押す際に注意が必要なのは、重要書類に「インク浸透印」を使わないことです。インク浸透印は、シヤチハタと呼ばれるタイプのネーム印のこと。ただし、シヤチハタは正式名称ではありません。シヤチハタ株式会社が製造している浸透印が有名になりすぎたことから、この名称が広く使われるようになりました。

インク浸透印を使わない理由は、印影が消えてしまう可能性があるからです。インク浸透印のしくみは、その名の通り浸透性の高いインクをゴムに染みさせるというもの。インクが自然とゴムに染みているので、朱肉を使わず押印できるようになりました。ただし、浸透性を高める非常に細かいインクの粒子は、一方で消えやすくなるデメリットを持っています。

重要書類の場合、数年間や数十年間保管することがザラにあります。インク浸透印は、年数が経つにつれどんどん印影が薄くなってしまうので、特に重要書類には朱肉を使うタイプの認印を使うのが基本です。

このような印鑑文化を疑問視する声も最近では出てきました。千葉市の熊谷俊人市長は、印鑑を忘れた市民がわざわざ印鑑を取りに出直してくるのはおかしいと主張し、物議をかもしました。

市役所内の決裁自体が印鑑で行われているため、このような事態に発展しているとして、決裁も印鑑ではなくサインで行うように指示したのです。

まだこういった取り組みは全国区では行われていませんが、いずれ日本から印鑑がなくなる時代がくるかもしれません。

Point

変化する世間の慣習と会社の慣習の違いを知っておこう

Step

②

残念な「人付き合い」のマナー

Case 1

思いやりがあるのに叱られがちな人の「お疲れ様とご苦労様」

相手をいたわるはずの「ご苦労様でした」という言葉も、目上の人に使ってしまうと、かえって失礼にあたってしまいます。「お疲れ様でした」など別の言葉に言い換えるようにしましょう。

「お疲れ様」と「ご苦労様」の使い分けとは？

職場の挨拶などで「ご苦労様です」という言葉を使っていないでしょうか。相手を思いやる言葉なのですが、目上の人に使うのはタブーです。

「ご苦労様です」とは、「目上の人が目下の人をねぎらう」際に使う言葉だからです。

目上の人にねぎらいの言葉を使いたい場合は、「お疲れ様です」が一般的です。先に退社する人への挨拶や社内電話の冒頭など、気軽な挨拶として使われています。

使い分けが難しいと感じるなら、相手が誰であろうと普段から「お疲れ様です」にするとよいでしょう。誤って目上の人に「ご苦労様です」と言ってしまうミスを防ぐことができます。

「お疲れ様」も失礼にあたる？

ただし、万能な「お疲れ様」という言葉も、取引先など社外の人に対しては避けたほうがよいでしょう。

「お疲れ様です」は、気軽な挨拶という側面があるため、さほど親しくない間柄で使うことに違和感を覚える人も少なくありません。社外の人でも、普段から気軽に交流している相手ならともかく、目上の人や公式な場では使うべきではないと言えます。

社外の人にかけるなら、ねぎらいの言葉より、「いつもありがとうございます」もしくは「お世話になっております」など、感謝の言葉が適切です。感謝の言葉で不快感を覚える人はいないので、よい関係が築けるのではないでしょうか。

言葉は世につれ

平成27年度『国語に関する世論調査』によると、職階が自分より上の人に「ご苦労様」を使う人がわずか8％なのに対して、「お疲れ様」を使う人は76％にも及んでいます。

現代では「ご苦労様」を目上の人に使うのは失礼とする人が多いことを裏付ける数字ですが、実は昔は、むしろ目下の人から目上の人への言葉として使われていました。

『遊ぶ日本語 不思議な日本語』（飯間浩明著）の中で、家来から主君への挨拶として「御苦労千万、今宵もはや九つ、しまらく御まどろみあそばされよ」

という文章を紹介しています。「ご苦労」という言葉を主君に対して使っている挨拶です。

では、いつ頃から「ご苦労」を失礼と感じる人が増えたのでしょうか。

社会言語学者の倉持益子氏によると、始まりは1970年代からのようです。昭和初期から2010年までの200冊以上に及ぶマナー本を調べたところ、1970年代頃から「部下へのねぎらい」と書かれるようになり、80年代にこの説が増えたそう。ここ40年程度の最近のことだとわかる結果です。

言葉は時代と共に変化していきます。

たとえポジティブな意味で使った言葉でも、相手が不快に感じたら逆効果。巷で失礼だと思う人が増えている以上、目上の人への使用は控えたほうがいいと言えます。

Point

本来はマナー違反ではない「ご苦労様」でも、使わないのが大人の鉄則

Case **2**

おごられ下手な人の「飲み会のお会計」

「終わりよければすべてよし」という言葉があるように、食事終わりの会計マナーは特に重要です。スマートに会計を終えるように、最低限のマナーをチェックしてみましょう。

飲みニケーションの是非

最近では、アルハラ（アルコールハラスメント）やパワハラ（パワーハラスメント）に厳しくなったためか、以前に比べて会社の同僚や上司、部下とお酒を飲む機会が格段に減りました。

製薬会社の第一三共が行ったアンケートによると、半分以上の人が会社関係の人と飲むのは数ヶ月に一回程度と回答しています。アルコールの力を借りて、本音で語り合うコミュニケーション、いわゆる「飲みニケーション」の文化は、廃れつつあると言っていいのではないでしょうか。

しかし、このアンケートでは、同時に若者の約6割は飲み会に誘われたら嬉しいという回答をしています。若者世代は飲み会を好まないという世間の印象とは異なる意外な結果となりました。

飲みニケーションには賛否両論あります。業務時間外に飲み会に誘うなら残業代を出して欲しいと考えるほど、飲み会の場が嫌いな人がいることは事実です。また、強制的にお酒を飲ませる、上司が説教を始める、武勇伝を語りだすようでは、若者世代の気持ちも離れてしまうことでしょう。

しかし、お互いに嫌な気持ちにならないように配慮すれば、普段職場で言えない本音で話せるため、職場の人間関係を円滑にできるというメリットもあります。

もちろん、飲み会に参加していないだけで「つき合いの悪いやつ」と変にレッテルができるのは間違っています。

ただし、たとえば、自分が仕事でミスをしてしまったときはどうでしょうか。普段飲み会で一緒に飲んで本音で話している人からは、助けてあげたい気持ちが強くなるのは自然なことです。また、付き合いがないと周りもどのように助けたらよいのかわからないものなのです。

飲み会は業務じゃないからと最初から突っぱねるのではなく、誘われたら気持ち良く飲み会に参加してみると、いざというときに助けてもらえるかもしれません。もちろん、参加した飲み会がアルハラやパワハラ、セクハラが行われるような場だったら、次からお断りしたほうが良いでしょう。

支払い伝票に受け取り方がある？

気の置けない友達とお酒を飲み交わすときと違って、会社での飲み会は目上の人に失礼にならない振る舞いが大切です。

特に、会計は非常に重要。せっかく楽しい飲み会でも、会計時に不快な思いをさせてしまってはすべてが台無しになってしまいます。

まず意識したいのは、支払い伝票を目下の人間が受け取るということ。目上の人にご馳走してもらえそうなときでも、まずは目下の人が伝票を受け取り、財布を出して自分で支払う意思を見せるようにします。

その後、自然と目上の人が支払ってくれる流れになれば、相手の好意に素直に甘えましょう。かたくなに断り続けるのはNGです。相手の顔を潰してしまうため、かえって失礼になってしまいます。

上司が会計する時は、少し離れた場所で待つのがベストです。他人の財布を見てはいけないというマナーがあります。

当然ですが、会計が終わったら感謝の気持ちを伝えます。さらに、翌日にも「昨夜はありがとうございました」となるべく口答で、もしくはメールなどで改めてお礼を伝えるようにします。それができれば、一緒に飲みに行って楽しい人と思われることでしょう。

幹事のスマートな請求の仕方とは

飲み会の幹事になったら、会計も幹事が行います。支払い伝票は幹事がもらうようにしましょう。アルコールの入っている場合は、お金のトラブルに発展しかねない緊張する場面です。だからこそ、スマートな会計ができる幹事は仕事もできる人と信頼されることでしょう。

金額の設定については、会社によって大きく異なるため先輩などに一度相談してみると良いでしょう。全員一律の金額を集めることもありますし、役職によって金額に差をつけることもあります。金額に差をつける場合は、負担が大きくなる上司に事前にそのことを伝え、了承を得ましょう。

集金の際は、細かすぎる金額は避けます。参加者が全員、細かい金額を持っているとは限りませんし、店側にも迷惑がかかってしまいます。

参加人数が多く、過不足が出る場合は、多少、多めに回収しても問題ありません。あまったお金は、二次会や次回の飲み会などに回すと不公平感がないはずです。

会計が終わったら領収書やレシートを受け取ってきちんと保存します。会計は後から問題になることもあるため、お金の管理は厳密に行うべきです。会社から経費補助が出る可能性もあります。

Point

スマートな会計ができる人は楽しい飲み会ができる人

Case 3

こじらせ女子と気にしすぎ男子の「バレンタインの渡し方」

バレンタインデーに会社で義理チョコを渡すときは、相手によって態度を変えてはいけません。社内の人間関係がこじれないように、男性社員全員に平等にチョコを渡しましょう。

義理チョコを渡す流儀とは

「虚礼」という言葉をご存じでしょうか。「うわべばかりで、誠意を伴わない形式的な礼儀」という意味。最近、「虚礼廃止」を定める会社が増えています。会社によって異なりますが、廃止の対象となるのは、年賀状、お中元、お歳暮、接待、バレンタインなどがあります。

では、なぜバレンタインを「虚礼」とする会社があるのでしょうか。

そもそも2月14日のバレンタインデーは、女性が男性に恋心を伝える日でした。これが、友人や会社の同僚などに、日頃の感謝を表現するようになったのが「義理チョコ」です。ある意味で、社内の人間関係をスムーズにするツールとなっていったため、形式的な礼儀、つまり虚礼と判断する会社が増えたわけです。

そのため、バレンタインデー前にまず確認したいのが会社のルールです。会社で禁止されている場合は、たとえ業務時間外でも義理チョコは厳禁と考えましょう。特にお世話になっている上司だけ、などと考えるのはタブーです。

会社で禁止されていなくても、バレンタインチョコの準備、渡し方については先輩の女性社員などに相談してからが暗黙のルール。自分だけ抜けがけでチョコを渡すと反感を買ってしまう可能性があります。

たいていは、「女性全員から渡す」など、会社によって不文律があるので、その習慣に従うようにします。実際、女性社員全体から男性社員全員に、という形で義理チョコを渡すほうが問題が起きづらくなります。

チョコの予算は一般的には高価すぎないこと。相手がホワイトデーでお返しする際に負担になってしまうことも考慮して、1人あたり500円程度が一般的です。

チョコレートは、1人ずつ小さな箱入りにするか、もしくは大箱でみんなで取り分ける形にします。男性は甘い物を好まない人もいますし、自宅に持ち帰るのにも大変です。その場で食べきれるくらいの量にします。

チョコを渡すときのタブーとは

チョコを渡すときは職位や好き嫌いなどに関係なく、男性全員に渡すように。社員数が多い場合には部署やフロア別などの基準を設けて、そのメンバー全員に渡すようにします。

相手によって渡すチョコを変えるのもタブーです。上司やお世話になっている先輩には良いチョコを用意したくなるかもしれませんが、余計なトラブルの種を作らないようにしましょう。

チョコを渡すタイミングにも注意が必要です。チョコを渡すために仕事を中断させてしまうのは避けます。業務に支障がでないように、お昼休みに入った直後などがよいでしょう。

また、ホワイトデーには、男性社員がお返しをすることになりますが、その際も女性社員同様のやり方で問題ありません。

取引先の場合は？

バレンタインデー当日、またはその前後に取引先とアポイントがある場合、気遣い上手な人は「手ぶらで会うのは気が引ける」と感じるかもしれません。取引先へのチョコも、社内の上司や先輩にいったん相談してみるのが肝心です。

そもそも取引先との贈答品が禁止されていることもあります。また、場合によっては会社の経費にすることもできるため、その意味でも会社の取り扱いを確認しておきます。

取引先へのバレンタインOKの場合には、営業ツールとして効果的に使いましょう。

特に本来の女性から男性に送るというバレンタインチョコであることを意識する必要はなく、

「いつもお世話になっているのでそのお礼です」

「日頃の感謝の気持ちです。皆様でどうぞ」

などと明るく渡します。

社内向けチョコと同様に、小さい箱にするか、他の人とも取り分けられる大箱にします。渡すものはチョコに限らず、おせんべいやコーヒーなどでもOK。バレンタインデー前後のアポイントを確認して、まとめ買いしておくとよいでしょう。

Point

楽しくやるはずの文化がドロドロの結果にならないように細心の注意を

Case 4

ハラハラする ブラックな人の「ハラスメント事情」

自分では熱心に仕事をしていたつもりがパワハラをしていた、というのはよくあることです。自分には関係ないことと思うことなかれ。パワハラの加害者・被害者にならないように、自分の行動を今一度見直してみましょう。

「パワハラ」「逆パワハラ」とは?

「ハラスメント」とは、いやがらせやイジメを意味する言葉。有名なハラスメントに「セクシャルハラスメント(セクハラ)」や「パワーハラスメント(パワハラ)」があります。

セクハラは性的な言動による嫌がらせ、パワハラは職場の優位性を利用した嫌がらせのことです。

ハラスメントというと被害者側の話になりがちですが、むしろ注意しなければいけないのは自分がハラスメントの加害者にならないこと。自分は部下だから、加害者になることはないだろうと油断してはいけません。

厚生労働省は、パワハラについて「上司から部下に対するものに限られず、職務上の地位や人間関係といった『職場内での優位性』を背景にする行為が該当する」と明記しています。部下が「優位性」を持っている場合、上司へのパワハラ、いわゆる「逆パワハラ」も起こりうるのです。

代表的な部下から上司への逆パワハラには、次のようなものがあります。

○知識や経験が優位なため起こるハラスメント

部下のほうが上司より、業務を遂行するための知識や情報に詳しいことがあります。たとえば、畑違いの部署から異動してきた上司などです。自分のほうが専門だったとしても、相手の知識不足を馬鹿にするような行為は逆パワハラです。

○職場の人間関係を利用したハラスメント

職場の人間関係を利用して、集団で上司にハラスメントをすることがあります。たとえば、人事異動で新たに上司が赴任した際に、昔の上司のほうが良かったからと積極的な関わりを避けたり、上司の悪口を言ってしまったりするケースです。

○部下という立場を利用したハラスメント

上司の厳しい対応というだけで、部下がハラスメントだと騒ぎ出すことがあります。もちろん、パワハラにあたる行為は毅然とした対応をする必要がありますが、業務上で必要な指導まで含めるのは、部下という立場を利用した逆パワハラです。

⬇パワハラの定義とは

逆パワハラの3つの例の中で、最も判断が難しいのが「部下という立場を利用したハラスメント」ではないでしょうか。パワハラの加害者にも被害者にもならないように、しっかりと知識を身につけることが大切です。そこで、まずは厚生労働省のパワハラの定義を確認しましょう。パワハラは次の6類型に分類することができます。

❶身体的な攻撃（暴行・傷害）
例）ノートを丸めて頭を叩く

❷精神的な攻撃（脅迫・名誉毀損・侮辱・ひどい暴言）
例）「こんなこともわからないのか」と大声で罵倒する

❸人間関係からの切り離し（隔離・仲間外し・無視）
例）一人だけ送別会に呼ばない

❹過大な要求（業務上明らかに不要なことや遂行不可能なことの強制、仕事の妨害）
例）仕事を押しつけてみんなで帰ってしまう

❺過小な要求（業務上の合理性なく、能力や経験とかけ離れた程度の低い仕事を命じることや仕事を与えないこと）

例）営業職なのにずっとコピーしかさせてもらえない

❻個の侵害（私的なことに過度に立ち入ること）

例）交際相手についてしつこく聞く

一方的に無理な仕事を押しつけたり、大勢の人の前で大声で罵倒するような行為は、パワハラですが、業務上で必要なミスの指摘や叱責、業務上必要な命令などはパワハラにはあたりません。

ただし、❶の身体的な攻撃をのぞいて、判断がケースバイケースでわかりづらいこともあります。具体的なトラブルを抱えている際は、会社のパワハラ相談窓口、または労働局、労働基準監督署の総合労働相談コーナーなどで相談しましょう。

知っておきたいハラスメントの種類

最近ではパワハラやセクハラ以外にも、さまざまなハラスメントが問題になっています。

それらの一部を紹介します。一風変わったものから、社会問題となっているものまでさまざまなものがあります。

●スメルハラスメント（スメハラ）

口臭や体臭、香水などの強烈な匂いによって、周囲の人たちを不快にすること

●モラルハラスメント（モラハラ）

相手に暴言を吐いたり無視をするなど、道徳を無視したハラスメントのこと。一般的には夫婦間で起きますが職場でも起こることもあります。パワハラとの違いは職務上の優位性や人間関係を利用していないことです

●カラオケハラスメント（カラハラ）

カラオケで歌いたくない人に対して、歌わざるを得ない状況に追い込んで無理矢理歌わせようとすること

・ブラッドハラスメント（ブラハラ）

血液型による性格分類は科学的に証明されていないにも関わらず、血液型によって相手の人格を決めつけること

来客に出すコーヒーが嫌がられることも？

会社に来客がきたとき、お茶やコーヒーなどの飲み物を出すのがマナー。しかし、相手を気遣って出したはずの飲み物が相手に嫌がられることもあります。

特に、コーヒーを出す際には注意が必要です。中には、コーヒーのようなカフェイン飲料が苦手な人もいます。しかし、コーヒーを提供されてしまったら、相手は断ったり残すのは失礼だと思い、苦手だけど飲むしかないと考えるのではないでしょうか。

一時期、インターネット上でも、来客にカフェインを出すのは失礼ではないかという議論が上がりました。カフェインが苦手な人へのハラスメントなのではないかと主張する人もいます。

ただし、コーヒーにもメリットはあります。頭の働きを活性化させる効果があるため、その後の打ち合わせがはかどるのです。

つまり、コーヒーを提供すべきか否かは相手次第ということになります。そのため、事前に世間話などで相手の飲み物の好みを把握しておくのがベスト。もし、それが難しかったとしたら、飲み物を提供する前に、コーヒーか水かなど幾つか選択肢を提示してあげると、相手も苦手な飲み物を回避しやすくなります。

Point

自分の行動がハラスメントにあたらないか客観的に見直そう

Case 5

悪気なく家でするように外でもしちゃう人の「カバンの置き方」

家の中でやってることは外でもやってしまうものですが、カバンの置き方も同じです。面接や会議でカバンを椅子の上に置いてしまうと失礼にあたります。カバンはどこに置くのが正解なのでしょうか。

なぜカバンを椅子の上に置くのがNG？

就職活動の面接やビジネスでの取引先での会議では、カバンを空いた椅子に置いてしまいがちです。

しかし、カバンを椅子の上に置くのはマナー違反。カバンの底は普段、地面に接していると考えられているため、汚れていると考えている人も少なくありません。言うまでもなく、テーブルの上に置くこともＮＧです。

会社によっては、椅子や机を別途、荷物置き場として用意しているところもあります。この場合は感謝を伝えてから、指定された場所に荷物を置きましょう。

相手からの指定がない場合、カバン置き場の正解は床。自立するカバンなら自分が腰掛ける椅子の横に、立てられないタイプなら椅子の脚の部分に立てかけて置きます。ビジネスバッグなら自立タイプのものを選んだほうが使い勝手がいいでしょう。

スマートなカバンの中身とは？

カバンの中に入れている書類などを取り出す際には、足元に置いたカバンをいったん自分の膝の上に乗せてサッと出します。カバンの中をごそごそかき回すしぐさは、いかにもスマートではありません。訪問前にカバンの中を整理して、スピーディに取り出せるように準備しておきましょう。

整理整頓を考えると、ポケットの多いタイプのカバンを選ぶとよいでしょう。外ポケットには何度も出し入れする筆記具や名刺入れ、中のポケットには貴重品、メイン部分に書類など、楽に荷物を仕分けることができます。

ポケットが少ないタイプのカバンを使っている場合は、カバンの中で整理整頓することを目的にしたバッグ・イン・バッグなどを利用する方法もあります。ポシェットを利用して、パソコンのケーブル類などをまとめることも考えられるでしょう。

机の上が散らかっていると仕事がしづらく、またモチベーションも下がりやすいもの。同じように、「カバンの中身は頭の中身と同じで、ごちゃごちゃしていると仕事がはかどらない」と言うトップビジネスパーソンは多くいます。

打ち合わせや会議に臨む気力を向上させるためにも、常にカバンの中を整理整頓しておきましょう。

コートの掛け方は？

冬にコートを着て面接や会議に行くと、コートの置き場所に困ることはないでしょうか。もちろん、相手からコート掛けやハンガーの場所を指定された場合は、それに従えば問題ありません。

コート掛けやハンガーがなかったとき、ついやりがちなのが椅子の背もたれにコートを掛けることですが、実はこれはマナー違反。椅子は相手の所有物のため、相手の指示なしに勝手にコートをかけることは失礼に当たります。

その場合のコートの置き場所の正解は「カバンの上」です。椅子は相手の所有物ですが、カバンは自分のものなので、綺麗に折りたたんで置いておけば問題ないでしょう。

友人宅などプライベートで遊びに行く際も、カバンを椅子の上に置かないのがマナーです。

また、腰を下ろす場所にも注意が必要。基本的には家人にすすめられた場所に座るようにします。特に、断りなしに布団やベッドに座ることはタブーです。外出着を、「外で腰掛けたり、電車の座席で座ったりした汚れたもの」と考える人もいます。

Point

汚れを嫌う人は注意しなくてもちゃんと見ているもの

Case 6

そんな場合じゃないのに遠慮しがちな人の「危篤の連絡」

身内が危篤になったら、最期に会わせたい親族や友人に、なるべく早く連絡することが大切です。連絡ミスは尾を引いてしまいます。遠慮などせずに電話しましょう。

⇩身内が危篤になったときに連絡する人は？

家族が危篤状態になったら病院から連絡がきます。そのときは、最期に会わせたい親族や友人に連絡します。ただし、人数が多すぎると大切な人と最期の時を過ごしづらくなりますし、病院にも迷惑がかかってしまいます。親族は3親等以内が目安、友人は特別に親しい人などとその人との関係やつき合いによります。「生きている間にひと目でも会わせたい人」もしくは「看取ってもらいたい人」を基本にすると絞りやすいでしょう。

気になるのが連絡する時間帯です。危篤になるのは昼間とは限らず、深夜や早朝ということもあります。深夜や早朝に連絡をするのは迷惑をかけるようで不安になりますが、なるべく早く連絡するほうがよいでしょう。いつ、容態が変わるかわかりませんし、相手は仕事の都合をつける必要があるかもしれません。遠方から駆けつける人もいるでしょうし、相手にとってもなるべく早く連絡してもらったほうがよいわけです。

「深夜に申し訳ございません」と詫びた後で、「最期に会っていただけませんか」とお願いします。

メール連絡はアリ？ ナシ？

連絡手段は電話がベターです。なるべく早く、かつ確実に伝えられます。相手が電話に出ない場合には留守番電話にメッセージを吹き込みましょう。遠方の人に知らせるには電報を使うケースもあります。

メールはＮＧではありませんが、相手が読んだかどうかがわからないデメリットが気になるところ。一度は電話をかけてみて、相手が出ない場合に「お電話差し上げましたが、ご不在のようですのでメール差し上げました」と一言添えるようにします。

身内の危篤時は何かとバタバタします。たとえば入院している身内が危篤に陥った場合、急いで病院へ向かう必要もあり、親族や友人への連絡が難しいケースもあるでしょう。

そのため、家族や親しい親族に協力をお願いして、連絡を手分けする方法があります。その際は、危篤情報を広めすぎないため、連絡する相手を指定するのが大切です。

友人グループに知らせる際にも、お願いできる人に知らせ、グループ内の連絡はその人に任せる方法があります。この際も、知らせる相手はこちらが指定するようにしましょう。

危篤の連絡が仕事中に来たらどうする？

危篤の連絡は突然やって来ます。連絡が来たときに仕事中ということもあります。そのときは、仕事を中断してすぐに病院に向かいましょう。

法律では葬儀や危篤時の休暇について規定はありませんが、多くの会社では葬儀に伴う忌引き休暇を設けています。しかし、危篤時には忌引き休暇を使えないため、有給休暇を消化すると良いでしょう。もし、有給休暇も残っていない場合は欠勤扱いになります。

家族の危篤は何より優先されるべきことなので、休暇が認められないことはほとんどありません。また、仮に休暇が認められないとしても、懲戒処分は受けても労働を強制することはできないので帰ることも可能です。もし、無理矢理帰らせないようなことがあれば、パワハラに該当することもあります。

Point

危篤の連絡は、まずは冷静に。次に迅速にすべきことをする

Case 7

定番フレーズをそのまま使う人の「贈り物の渡し方」

贈り物をする際に頻出する「つまらないものですが」という謙遜表現。最近では、言葉を額面通りの意味にとられて相手を怒らせてしまうこともあります。どのように言い換えれば相手の怒りを買わずに済むのでしょうか。

「つまらないものですが」の本来の意味は？

「つまらないものですが」と贈り物を渡す人は多くいます。昔から、贈り物の際に使われる定番フレーズです。ついつい使ってしまっていないでしょうか。

この「つまらないものですが」という表現について解説した人物として最も有名なのが、かつて五千円札の肖像にもなった新渡戸稲造です。彼は次のように記しています。

「あなたは立派な人です。どんな贈り物でも立派なあなたにふさわしいものはありません。あなたの足下に何を置いても、私の善意のしるしとしてしか受け取れないでしょう。だからこの品物の価値ではなく、私の心のしるしとして受け取って欲しい。最上の品物でもあなたに十分にふさわしい物といえば、それはあなたの価値に対する侮蔑となるでしょう」

『いま、拠って立つべき日本の精神 武士道』（新渡戸稲造・ＰＨＰ研究所）より

つまり、本当につまらないものを渡しているという意味ではなく、あくまで「立派なあなたに比べたらつまらないものですが」という意味なのです。

しかし、最近では「つまらないものですが」という言い回しはかえって失礼だと受け取る人が増えているので注意が必要です。理由は2つあります。

1つ目の理由は、つまらないものという言葉のみが一人歩きしているため、言葉を額面通りに受け取る人が増えていることです。「つまらないものなら渡すな！」と怒りを買ってしまいます。

「つまらない」という表現がネガティブなので、相手を不快にさせてしまうのかもしれません。

2つ目の理由は、「そこまでへりくだって謙遜する必要はない」と考える人が増えていることです。目上の人でも、それほどかしこまった関係ではない場合は特にそう感じさせてしまうかもしれないので注意が必要です。

かえって自分との距離を遠いものに感じさせて、不快にさせる可能性があります。

「つまらないものですが」と言って渡すのは本来間違いではありませんが、人によっては避けた方が無難でしょう。

どのように言い換えれば良いか

「つまらないものですが」という表現を言い換える際に、一番使いやすいのは「お気に召していただければ幸いです」というフレーズです。気に入ってもらえたら嬉しいというポジティブな表現なので、相手に好印象を与えられるでしょう。

他にも、「○○がお好きとうかがったので」「みなさんでおいしく召し上がってください」などポジティブなワードで贈り物を渡すのが主流になっています。

謙遜の表現を使いたい際には、「心ばかりですが」などの表現もおすすめです。こんなものでは自分の気持ちを表現できないという意味があります。

そもそも、自分の渡す贈り物をけなすような表現は日本でしか使われていません。実際に、「つまらないものですが」という表現を英訳しようと思っても、同等の言葉がないと言われています。

前述の新渡戸稲造は、アメリカ人が贈り物をする際の心情について、次のように語っています。

「この品物は素晴らしいものだ。素晴らしくなければあなたにあげたりはしません。素晴らしくない品物をあたえれば、あなたを侮辱したことになります」

「つまらないものですが」という表現がマナー違反になりつつあるということは、アメリカのような考え方がどんどん日本に浸透してきた証だと言えるのかもしれません。

Point

「つまらないものですが」という表現にはネガティブな印象があるため、ポジティブな表現を使って気持ち良く贈り物を渡そう

Case 8

「毎年やってるから」を続けてしまう人の「お中元とお歳暮」

お世話になっている人に感謝の気持ちを伝えるために贈っているお歳暮。何かしらのきっかけでお歳暮を贈るのをやめたいと思ったとき、どのような手順でやめるのがマナーとして正しいのでしょうか。

お中元とお歳暮、どちらが重要？

日本には、7月になるとお中元、12月にはお歳暮として贈り物をし合う習慣があります。お世話になっている人へ日ごろの感謝の気持ちを伝えるためのよい習わしではありますが、そのときの状況によって負担になることもあるでしょう。たとえば、縁が遠くなってしまった場合や、引っ越しや子どもの進学、就職、転勤などです。

贈り物をし合うのが負担で、やめたいと感じたときには、優先順位が高いのはお中元です。まずお中元を贈るのをやめてから、お歳暮を贈らない、というステップにします。なぜなら、お歳暮のほうがお中元より重要度が高いからです。贈り物は段階を踏んでやめるのがマナーと言えます。

毎年贈っていたお中元をやめるため、心苦しくなることもあるでしょう。とはいえ、相手に直接断りの電話を入れたり、受け取り拒否をするのは失礼です。断る場合は、贈り物を受けたときに感謝の気持ちをまずお礼状で伝え、次回以降の断りの挨拶をします。

逆に、相手から「遠慮したい」と言われた場合には、あれこれ思い悩まず、素直に贈り物をやめるようにします。相手の意志に反してお返しやお礼状などを強いることになってしまうかもしれません。

感謝を伝えたいなら、年賀状など相手の負担にならない方法を考えましょう。

お中元・お歳暮を贈る相手の決め方は？

具体的に、お歳暮を贈る相手はどういう基準で決めるとよいでしょうか。

結婚などで両親と別居している場合は、互いの両親に贈るケースが多いようです。

一方で、たとえお世話になっていても、両親と同居している場合、お歳暮のやりとりは一般的ではありません。感謝の気持ちは、食事のご馳走や誕生日のプレゼントなど、別の方法で伝えることを検討するとよいでしょう。

お世話になっている親戚にも贈るのがベターではありますが、親族の習慣や取り決めごともあります。両親や兄弟と相談してから決めるほうが無難です。

以前は、会社の上司や取引先にもお中元・お歳暮を贈るのが一般的でした。しかし最近では会社で禁止されているケースもありますので、確認してみましょう。

Point

お中元・お歳暮のやめ方にもマナーがある

Step

③

残念な「言葉遣い」のマナー

Case 1

「いただき」すぎな人の「謙遜言葉」

取引先などから休暇中の同僚宛に電話がかかってきた際についい使ってしまいがちな「お休みをいただいております」という表現。実は間違っている箇所が２つあります。特に謙遜表現は誤用しがちなので注意が必要です。

チャット世代は電話の言葉遣いに要注意

昔は若手社員は電話を3コール以内にとるのが当たり前でしたが、電話を苦手とする若者が増えています。その理由の一つにスマホの普及があります。メールやチャットなどがメインのコミュニケーションになり、会話ではなく文字を使ったメッセージをするようになりました。また、家の固定電話をほとんど使わなくなったため、かけてきた相手がわからない電話に対してかなりの苦手意識を持っています。

しかし、スマホやパソコンが普及したとはいえ、現在もビジネスでは電話はメインのコミュニケーション・ツールの一つです。正しい電話の使い方を身につけることはどの世代にとっても重要なことだといえます。

電話で気をつけるべき点の一つに言葉遣いがあります。たとえば、若手社員がやりがちなのが、電話に「もしもし」と言って出てしまうこと。

「もしもし」は元々「申し上げます、申し上げます」の略語です。しかし、ビジネスの現場では略語は嫌われがち。電話をとるときは、次のように伝えましょう。

「○○（会社名）でございます。お電話ありがとうございます。」

「お休みをいただく」は正しくない？

取引先から休暇中の同僚に電話がかかってきたとき、「○○は本日お休みをいただいております」などの表現を使っていないでしょうか。

このフレーズは厳密に言うと、次の2つの点で間違っています。

●お休み

「お休み」という表現は、身内である自社の人間に対して、丁寧語を使っていることになります。本来、社外の人に使う敬語では、身内のことは謙遜するべきなので、休みに対して「お」をつけるのは間違いです。

●いただく

「いただく」は「もらう」という言葉の敬語表現です。しかし、休みは取引先から「もらう」ものではありません。本来、休みは自分で取るもの。少なくとも、取引先に「もらう」

ものではないはずです。あえて休みを「もらう相手」を指すなら雇用主です。

担当者が不在のときは、「休みをとっております」「本日は終日、不在にしております」といった表現を使いましょう。

「いただく」の使いすぎに要注意

「いただく」という表現には、自分の動作につけると謙譲語になるという特徴もあります。たとえば「見る」という動作に「いただく」をつけて「見せていただく」とするだけで敬語表現になるので、便利に使えるわけです。

ただし、この便利さ故に、最近は使いすぎる傾向があります。

特に敬語に慣れていない若い世代は注意が必要です。自分の動作にすべて「いただく」をつけてすませていないでしょうか。使いすぎると、非常に回りくどい表現になってしまいます。

「ご指定いただいた日程を見させていただきました。これから調整させていただきたいので、改めて連絡させていただきます」

極端な例ですが、このような「いただく」を多用した言い回しをする人が増えています。「いただく」を使うのは、前述の相手に感謝を伝える際です。「頂戴した」「(～して)くれた」ときにだけ加え、自分の行動を謙譲表現するのに付けるのは避けます。先述の文章なら、相手の行動は「日程を指定した」ことだけですので、この部分のみに「いただく」を加えて感謝のニュアンスを込めるわけです。

「ご指定いただいた日程を拝見しました。これから調整し、改めてご連絡いたします」

これでスッキリします。

「いただく」をつけず、謙譲表現をするポイントは2つあります。

ひとつはもともと謙譲表現である単語を使うこと。「見る」は「拝見する」、「行く」は「伺う」、「言う」は「申し上げる」など、謙譲表現の単語をサラリと使いこなせるようになると、わざわざ「いただく」という謙譲を使う必要がありません。

注意点は、謙譲表現の単語を使って、さらに「いただく」を付け加えないこと。たとえ

敬語表現一覧表

基本形	謙譲語	尊敬語
する	いたす	なさる
行く	伺う	いらっしゃる
見る	拝見する	ご覧になる
言う	申し上げる	おっしゃる
与える	差し上げる	くださる
思う	存じる	お思いになる
受け取る	頂戴する	お受け取りになる
会う	お目にかかる	お会いになる
帰る	おいとまする	お帰りになる
知る	存じ上げる	ご存じ
食べる	ご馳走になる	召し上がる
読む	拝読する	お読みになる
受ける	拝受する	お受け取りになる
聞く	伺う・拝聴する	お耳に入る

ば「伺わせていただきます」という表現は、「伺う」だけで謙譲語なのに、さらに「いただく」をつけてしまっています。

これは二重敬語といってNG。回りくどいのはもちろんですが、場合によっては慇懃無礼に映ってしまいます。

自分の行動を表す言葉なら、「いただく」を「いたします」と言い換える方法もあります。「購入させていただきます」は「購入いたします」、「検討させていただきます」は「検討いたします」です。

Point

身内を謙遜で持ち上げてしまってはいけない

Case 2

バイト経験豊富すぎる人の「接客敬語」

「〜のほう」「〜から」といったスーパーやコンビニのレジなど、アルバイトの人が使っている敬語は俗に「バイト語」「接客敬語」と呼ばれ、間違った敬語表現です。ムダな接続詞は使わずにシンプルに表現しましょう。

「～のほう」はどっちを指す？

スーパーのレジなどでアルバイトの大学生から「金額のほうは1万円になります」と代金を告げられたことはないでしょうか。よく使われる「～のほう」という敬語ですが、実は使い方が間違っていることも少なくありません。

「～のほう」にはさまざまな意味がありますが、代表的な使い方は、「2つ以上のものを比較して、条件に合うとして選ばれたもの」を示すことです。たとえば、「青より赤のほうが好きだ」という表現は正しい「～のほう」の使い方です。逆に、比較する対象がないのに、「～のほう」を使うのは誤用になります。冒頭の例に挙げた「金額のほう」という表現は、金額以外の選択肢がないのに「～のほう」を使っているので間違った用法です。

では、レストランでよく耳にする「空いたお皿のほうをお下げいたします」というフレーズはどうでしょうか。この場合、空いていないお皿との比較で「～のほう」という言葉を使っているため、文法的には問題ないと言えます。

ただし、比較するものがあっても、「〜のほう」を使わなければいけないわけでもありません。実際、「空いたお皿をお下げいたします」だけできちんと伝わるはずです。

そのため、「〜のほう」という表現は、必要なとき以外はなるべく使わないようにしましょう。会話に入っているだけで違和感を覚える人もいるからです。

「よろしかったでしょうか」も接客敬語

店員に商品を手渡されるとき、また注文を取った際など、「こちらの商品でよろしかったでしょうか」「ご注文は以上でよろしかったでしょうか」などと言われることもあります。この「よろしかったでしょうか」という言葉も誤用されがちな接客敬語の一つです。

「よろしかった」は、過去を表す際に使う言葉です。「以前のご契約内容は、こちらでよろしかったでしょうか」と聞くのであれば、過去の内容を聞いているので問題ありません。

しかし、今、手渡す商品、今とっている注文に過去形を使うのはNG。

「こちらの商品でよろしいでしょうか」「ご注文は以上でよろしいでしょうか」と現在形で確認するのが正しい言葉の使い方です。

余計な「から」と「形」は使わない

レジで代金を手渡すと、「1万円からお預かりします」などというフレーズを添えてお金を預かろうとする人がいます。

この表現もありがちな間違いです。「から」は、場所の起点や原因などを示す際に使う接続詞。お金を預かることは、場所でも原因でもないため、使うべきではないと言えます。

また、何かをこちらで準備しなければいけないとき、店員から「お客様にご用意いただく形になります」と案内を受けたことはないでしょうか。一見、丁寧に見えるこの言い回しも、実は間違った敬語の使い方をしています。

本来、形になるとは文字通り形のあるものに対して使う言葉です。当然、用意するという行為に形は存在しませんから、間違っていると言えるのです。

また、この表現はあえて遠回しに表現することで、自分の意見ではなく決まり事になっているから仕方ないと責任逃れをしているようにも聞こえます。
「形」という言葉を使わず、次のようにシンプルに表現しましょう。

「お客様にご用意いただくことになります」

専門家によっては、この項目で挙げた表現を間違いではないとする人もいるようです。とはいえ、これらは使わなくても意味が通じる言葉でもあります。「間違っている」と感じる人が多数いる現状では、わざわざ使う必要はないでしょう。

Point

バイト語を社会人語にグレードアップする秘訣は余計な言葉を加えない

Case 3

割愛しすぎな人の「ら抜き言葉」

一般的に、文法上間違っているとされる「ら抜き言葉」。しかし、実は「ら抜き言葉」が正しいかどうかは言語学者の中でも意見が割れています。最近では使う人も増えてきていますが、どのように使い分ければよいのでしょうか。

「ら抜き言葉」を使っている人はどのくらいいる？

「見れる」「出れる」「食べれる」……。

いわゆる「ら抜き言葉」で、「〜することができる」という意味の可能の助動詞「られる」から、本来必要な「ら」という文字が抜けている言葉のことです。

冒頭の例でいうと、「見られる」「出られる」「食べられる」という表現が文法上、正しいことになります。

この「ら抜き言葉」についての意見はちょうど半々ぐらいに分かれます。問題ないと思う人、文法上間違っていると感じる人です。ただし、最近は、「ら抜き言葉」を使う人がとみに増えてきているようです。

実際、平成27年度「国語に関する世論調査」で、「見れた」と「見られた」という表現のどちらを使うかについて調査を行ったところ、次のような結果になりました。

・見れた……48・4％
・見られた……44・6％

わずかですが、「見れた」という「ら抜き言葉」を使っている人が上回っています。

同様に、「出ることができる」という可能の意味で、「出れる」という言葉を使っている人が「出られる」という言葉を使っている人を上回るという結果になりました。

一方で、「食べられる」や「考えられる」といった言葉では、ら抜き言葉を使う人が少ないようです。単語によって、「ら抜き言葉」が一般化したものと、そうでないものと差があるのが現状と見られます。

とはいえ、一部の単語とはいえ「ら抜き言葉」を使っている人のほうが多いという結果になったのは、平成27年の調査が初めてのこと。

今後も増加傾向にあることが予想されます。

言語学者の中でも意見が割れている

一般的には文法上、間違いとされる「ら抜き言葉」ですが、実は否定的な意見ばかりで

どちらの言い方を普段使うか

（数字は％）

		(ア)を使う	(イ)を使う	どちらも使う	分からない
(1)	(ア)こんなにたくさんは食べられない (イ)こんなにたくさんは食べれない	60.8	32.0	6.8	0.4
(2)	(ア)朝５時に来られますか (イ)朝５時に来れますか	45.4	44.1	9.8	0.7
(3)	(ア)彼が来るなんて考えられない (イ)彼が来るなんて考えれない	88.6	7.8	2.9	0.8
(4)	(ア)今年は初日の出が見られた (イ)今年は初日の出が見れた	44.6	48.4	6.5	0.4
(5)	(ア)早く出られる？ (イ)早く出れる？	44.3	45.1	10.2	0.5
(6)	(ア)明日は休ませていただきます (イ)明日は休まさせていただきます	79.6	16.8	3.1	0.5
(7)	(ア)今日はこれで帰らせてください (イ)今日はこれで帰らさせてください	80.3	16.9	2.1	0.7
(8)	(ア)担当の者を伺わせます (イ)担当の者を伺わさせます	75.5	20.7	2.9	0.8
(9)	(ア)絵を見せてください (イ)絵を見させてください	59.6	32.7	7.5	0.2
(10)	(ア)私が読ませていただきます (イ)私が読まさせていただきます	71.9	23.2	4.3	0.6
(11)	(ア)植木に水をやる (イ)植木に水をあげる	59.8	33.6	6.4	0.1
(12)	(ア)うちの子におもちゃを買ってやりたい (イ)うちの子におもちゃを買ってあげたい	35.6	57.0	7.1	0.3
(13)	(ア)相手チームにはもう１点もやれない (イ)相手チームにはもう１点もあげられない	74.4	21.0	4.1	0.5

＊平成 27 年度「国語に関する世論調査」の結果の概要

はありません。特に、インターネット上で話題になった二松学舎大学の島田泰子教授の講座の一部を紹介します。

島田教授は、ら抜き言葉とは実は「ar抜き言葉」だというのです。

字にするとわかりやすくなります。たとえば、「見られる」はローマ字で書くと「mirareru」で、「見れる」は「mireru」となります。この二つのローマ字を見比べると、「ar」が抜かれていることがわかります。

この「ar抜き言葉」は室町時代にもあったようです。室町時代には「行く（ことができる）」や「歩く（ことができる）」という意味を、可能の助動詞を使って「行かれる」と「歩かれる」と表現する手法が使われていたからです。

しかしご存じのとおり、この表現はその後「行ける」と「歩ける」へと変化していきました。これも、「ikareru」「arukareru」からarを抜いて「ikeru」「arukeru」へと変化したからです。

つまり、室町時代にもら抜き言葉と同じ現象が起こっていたということです。

もちろん、「ら抜き言葉」を認められないと考える言語学者も少なくありません。

第20期国語審議会によると、共通語において改まった場での「ら抜き言葉」の使用は「認知しかねる」といった見解を示しています。ただし同時に、次の3つの観点から動向を見守るといいます。

・話し言葉か書き言葉かの違い
・語形の長さや使用頻度、活用形によって「ら抜き化」の頻度が異なること
・北陸から中部にかけての地域や北海道など「ら抜き言葉」を多く使う地域があること

年配の方の不評を買う

第20期国語審議会の見解は、「ら抜き言葉」を使う人が増えてきたとはいえ、まだ「スタンダードな表現」とすることはできない、と言えます。

特に「ら抜き言葉」は若い世代を中心に増えつつあるため、年配の人にとっては耳馴染みがいいものではないようです。「ら抜き言葉」は間違っている、という考えが多いため、ら抜き言葉を使うと「日本語にだらしない人間」と誤解される可能性もあります。

仮に文法上、「ら抜き言葉」には問題ないとしても、言葉はあくまでコミュニケーションの手段です。そのため、「相手がどういった印象を持つか」が非常に重要になります。

相手にマイナスのイメージを持たれて損をする可能性があるのなら、今はまだ「ら抜き言葉」を使わないほうが無難なのではないでしょうか。

「さ入れ言葉」も文法的に間違っているので注意が必要です。たとえば、「言わさせていただきます」はさ入れ言葉で、「言わせていただきます」が正式な表現です。

ら抜き言葉が発音を省略するために使われているのに対して、さ入れ言葉を使ってしまうのは、より丁寧で謙遜した表現に感じるからです。しかし、間違った表現を使ってしまっては逆効果なので気をつけましょう。

Point

現状では、「ら抜き言葉」は使わない方が無難だといえる

Case 4

口下手でメールに頼り切る人の「謝り方」

ミスをしたときにメールで謝罪を行うと相手に誠意が伝わりません。これは、メール、電話、面会などでコミュニケーションの質が違うためです。上手にメールや電話を使うために、これらのツールを使い分けましょう。

メールは誠意が伝わりづらい⁉

ビジネスシーンで、すでにメインのコミュニケーション・ツールと言っても過言ではないメールですが、すべてをメールで済まそうとするのはNGです。重度のミス、また重度のクレーム対応などにはメールは避けます。

たとえば「添付ファイルに誤字脱字があった」程度の軽度のミスであれば、メールで謝罪し、修正したファイルを添付すれば問題ありません。しかし、納品した商品が破損していた、自社商品でお客さまの健康を害してしまった場合など、メールをしている場合ではありません。すぐに電話をしたり、場合によってはお客さまの元に駆けつけたりなどの対応が必要です。

電話をして相手が不在にしている場合などは、メールで返信してもよいのですが、「ご不在にされているようなのでメールにて失礼いたします。後ほど、改めてお電話いたします」などと一言断りの挨拶をしたうえで謝罪します。

時間をおいて改めて電話をしコンタクトをとり続けること、またその誠意を見せることも大切です。

用途ごとにツールを使い分けよう

昔からビジネスで利用されていた電話、対面に加え、最近はITの発展に伴ってメール、SNS、チャットなどコミュニケーション・ツールが増えています。

これらは何か一つに頼り切るのではなく、上手な使い分けが大切です。

たとえば、打ち合わせ日程の変更をお願いする際、その予定が1ヶ月後であればメールでいいでしょう。ただし、明日に予定されている打ち合わせを変更したい場合は電話のほうが確実です。メールの場合、相手がすぐに見てくれるとは限りません。

複雑な用件の場合、メールだけでは不十分だと言えます。長文になりがちで相手が理解するのに時間がかかるからです。複雑な話の場合には、メールをした後に電話か対面でその内容を説明すると、相手もすんなりと内容を理解できます。

メールのメリットの一つに「記録に残る」があります。「言った」「言わない」というすれ違いを避けられますし、後で確認したいときにも便利です。そのため、複雑な用件の打ち合わせを電話や対面で行った場合には、その結論を簡単な議事録にまとめ、メールで送るとよいでしょう。お互いの認識を合わせることができます。

コミュニケーション・ツールの使い分けで忘れてはいけない視点が人や相手企業の好みです。「電話は仕事を中断されるから」と好まない人がいたり、「メールより電話のほうが相手と通じ合える」と考える人がいたりします。自分が感じる正しさより、相手が「どう思うか」を優先した使い分けが大切と言えるでしょう。

Point

コミュニケーションは時（Time）、人（Person）、場合（Occasion）によってツールを使い分けよう

Case 5

距離感をはかれない人の「了解・承知の使い分け」

「わかりました」をより丁寧に伝えるために「了解しました」と返事することがあります。同僚との会話であれば問題ありませんが、上司やお客さまに使う言葉としては控えておきましょう。

「了解しました」はマナー違反？

会話やメールなどで、相手の言っていることを理解した、または受け入れたと伝える際に「了解しました」と返事する人がいます。

部下や同期にこの言葉を使う分には問題ありませんが、上司や先輩に使うことはやめたほうがいいでしょう。「了解」という言葉は目上の人に使うのはマナー違反だと思っている人がいるからです。

そもそも、「了解しました」は敬語の働きで分けると丁寧語にあたります。敬語は大きく分けると3種類、細かく分けると5種類あります。

このうち、丁寧語はいわゆる「です・ます」など、話や文章の相手に対して丁寧に述べるもの。「春分の日の翌日だ」という場合、「春分の日の翌日です」もしくは「春分の日の翌日でございます」などになります。

このことからわかるように、丁寧語は特に相手の言動についてつける尊敬の意や、自分の言動を下げて丁重に述べる意はありません。

特に相手に失礼な物言いではないため、本来は目上の人に対して使ってもいい言葉であると主張する識者もいます。実際、「了解しました」を目上の人に使うのはタブーと言われ始めたのは2000年代以降。ごく最近のことなのです。きっかけは一部のマナー講師やマナー書などで「失礼」と主張されたものが広がったことと言われています。

とはいえ、「厳密には失礼なことではない」と、目上の人に「了解しました」を使うのはやはりオススメできません。言葉はコミュニケーションの手段です。本来の意味がどうこうではなく、相手がどう感じるかが重要。「失礼な奴だ」とレッテルを貼られてしまうのは本意ではないでしょう。

もちろん、上司でも普段から親しみを込めた軽めの会話をするような間柄であれば問題ありませんが、相手との距離感がわからなければ、普段から「かしこまりました」もしくは「承知しました」と言い換えます。

「承知しました」と「かしこまりました」の使い分け

「承知しました」と「かしこまりました」は、どちらも丁寧語ではなく、謙譲語です。自分の言動を下げて相手を立てるものですが、同じ意味のように見えて微妙にニュアンスが異なります。

「承知しました」は、理解したことと合わせて、目上の人間の指示を「承った」という意味が含まれます。つまり、この言葉が使えるのは、あくまで命令や要望に対してのみです。「かしこまりました」にも、同様に「承る」という意味がありますが、これに加えて目上の人に対しておそれ敬う気持ちも含まれています。つまり、「かしこまりました」の方がより敬意の強い言葉と言えます。日常業務でやりとりしている親しい上司に「かしこまりました」を使うと、相手は距離を感じてしまうかもしれません。

日常業務で上司に指示を受ける際などは「承知しました」がよいでしょう。「かしこまりました」は、より上位の上司やお客さまなどに対して使うようにします。ただし、親しい上司でも、評価や異動の指示を受ける際などは、あえて「かしこまりました」を使うことで、あらたまった雰囲気を出すこともできます。

「どういたしまして」は失礼？

上司など目上の人に「ありがとう」と感謝の言葉をもらうことがあります。もちろん、感謝されると嬉しいものですが、返事に困ることはないでしょうか。

友人間などであれば「どういたしまして」と答えるかもしれません。この言葉には、相手の感謝の言葉に対して「それほどではありません」と謙遜する意味があります。文法上は正しく丁寧な敬語なのです。

しかし、「どういたしまして」の本来の意味を知らず、上から目線だと考える人も少なくありません。文法上正しかったとしても、「了解しました」と同様に相手が失礼だと感じる可能性があるので、目上の人に使うのは避けた方が無難でしょう。感謝の言葉には「恐れ入ります」「恐縮です」などの言葉で返すと良いでしょう。

Point

言葉はコミュニケーションの手段。相手がどう感じるかが重要

Case 6

はっきり言えない人の「ビジネスの断り方」

依頼や誘いを断るのが苦手な人は多いでしょう。断って角を立てたくないと思うのが心情ですが、ちょっとした言い回しや態度でスムーズな大人の断り方ができます。

⇩前向きな姿勢をアピールしつつ断る方法

ビジネスシーンでは、さまざまな誘いや依頼をされる場面があります。基本的に仕事の依頼は断るものではありませんが、そうはいっても致し方ない場合もあるでしょう。

たとえば、取引先から「今月中に納品してほしい」と、突然の大量発注が来た場合、お客さまからの無茶な値引き要請、上司から「今日中に仕上げてほしい」と言われた書類など、すべての依頼を引き受けるわけにはいきません。

それでも断りづらいのは、相手の気分を害する恐れに加えて、ビジネスチャンスを逃す可能性もあるからです。取引先からの大量発注は、自社にとっても売上につながるチャンス。断ってしまえば、ライバル社に顧客を奪われかねません。

このような場合は、「どうすれば引き受けられるか」を提案することで、「その条件では難しいが、引き受けたい気持ちはある」と、仕事に前向きな姿勢をアピールすることができます。

「おかげさまで今月はすでに受注量がいっぱいでございまして、来月10日であれば何とか間に合わせられるのですが」

「弊社に任せて頂きたい案件でございますが、通常料金より20％ほどいただくことになってしまいまして…。特別に生産ラインを増設すれば、今月中の納品が可能かと思います」

「実は弊社はお問い合わせいただきましたサービスを昨年に終了してしまい、ご希望に添うことが難しい状況です。もしよろしければ、同様のサービスを手がけている○○社をご紹介いたしますが、いかがでしょうか」


グダグダ弁解してかえって悪印象を与えるより、率直に事情を説明して、できる条件を提案すると、仕事への前向きな姿勢を伝えることができます。相手の気分を害したり、関係が途切れる可能性が低くなるため、次も仕事を依頼してもらいやすくなるでしょう。

場合によってはサクッと断るのもOK

前述で紹介した言い回しは、「相手と関係を続けたい」ケースで使うものです。一方で、関係が途切れてもかまわない場合には、サクッと断ったほうが、互いに意味のないやりとりを終えることができます。たとえば、相手から受けた営業を断るような場合です。

「ご提案頂いた件ですが、すでにおつき合いしている会社様がございますので…」
「弊社ではこのような機械を必要とする場面がなく…」
「社内で検討した結果、今回の導入は見送ることになりました」
「せっかくのお誘いですが、今回は見合わせることにいたしました」

といった言葉に続いて、「恐縮ですが、ご理解いただけると幸いです」などと加えるとよいでしょう。

社外からの依頼など、相手との関係や条件等によって断りづらい申し出には、いったん時間を稼ぐ作戦をとりましょう。

「検討いたします」
「社に戻って、会議に諮ります」
「持ち帰って、上の者の承認を得ます」

など、いったん時間を作ることで冷静に返事を考える時間を持ちます。ただし、相手を待たせすぎると迷惑をかけてしまいますし、こちらも断るタイミングを見失ってしまいます。返事をする期日はあらかじめ決めておくと良いでしょう。

重要なのは断るときは明確に断ること。日本人は断るのが苦手だと言われていますが、しっかり断ることは実は双方にとってメリットがあります。当然、自分にとってはやりたくないことを拒否することができるため、ストレスを感じる機会が少なくなります。

相手にとっても生返事の状態では他の人に頼むこともできません。断りたいときはきっぱりと断ることが、お互いにとって一番良い形になります。

Point

引き受けたい気持ちを出しつつ、しかたがない理由でしっかり断る

Case 7

率直にモノを言う人の「反論の言い方」

一回相手の意見を「そうですね」と肯定してから、「しかし〜」と否定する「イエスバッド法」。クッション言葉として有名な方法ですが、実はあまり効果がありません。代わりにどのような方法を使えば良いのでしょうか。

「しかし」と言われると否定された気分になる

自分と違う意見を聞いたときに、率直に否定してしまう人がいますが、その人は敵が多いことでしょう。なぜなら、人間は自分と同じ考えの人を好きになり、自分と違う意見を持つ人に対して嫌悪感を感じてしまうものだからです。

だからといって、相手の意見が間違っているのに否定しないのも好ましくありません。それがビジネスなら、相手のいいなりになるということ。自社や自分の立場は明らかにするべきです。

そこで大切なのは、「相手を不快にさせずに反論する術を身につける」ことです。

相手の意見を否定するとき、重要なのが「クッション言葉」を使うこと。一番有名な方法が「イエスバッド法」です。

相手の意見が違ったとしても、一旦「そうですね」と意見を肯定します。その後に「しかし～」と否定して自分の意見を述べることで、いきなり否定されるよりもニュアンスが柔らかくなるという手法です。たとえば、次のように使います。

――おたくの商品は高いですね
「確かに高く感じるかもしれません。しかし、この料金表をご覧になるとお買い得だと思いませんか」

この手法は大変よく使われていますが、実際はあまり効果を発揮しないという説もあります。「しかし」などの逆説表現自体に相手を否定するニュアンスがあるからです。最初に相手を肯定しても、その後に否定された部分が相手のなかに印象として残ってしまうのかもしれません。

「イエスアンド法」を使うとソフトに伝わる

「イエスバット法」に代わって、ソフトに意見を伝える方法には「イエスアンド法」があります。相手の意見を肯定した後で、「そして」「実は」など、「否定的ではない接続詞」を使った後に自分の意見を述べるのです。相手の意見を否定せず、自分も同意見だと相手に印象づけます。次のように使います。

――おたくの商品は高いですね

「確かにおっしゃるとおりですね。実は、これには隠し機能がついているからなのです」

もう一つ使える手法が「イエスイフ法」です。相手の意見を肯定したあとに「もし～だとしたらどうですか？」と仮定の話を持ち出し、視点を変えて相手の主張を考え直してもらいます。

――おたくの商品は高いですね

「確かに高いですね。では、もう少し値段が安ければ購入を検討してもらえますか？」

このような手法は、反論するときだけではなく、セールスを行う際などにも使うことができます。ただし、もし自分がセールスを受ける立場なら、このような手法を取られて安易に相手の意見に流されないように気をつけましょう。

「差し出がましい」と前置きしてから主張する

反論のシーン以外でも、ビジネスの場で何かを主張するときはクッション言葉を入れると相手にやわらかい印象を与えられます。

代表的なのは「差し出がましいようですが」や「僭越ながら」などのクッション言葉です。これらのクッション言葉を冒頭につけることで、「出すぎたまねで申し訳ないが」という謙遜のニュアンスを加え、謙虚なイメージを与えることができます。

相手に不快感を与えてしまっては、せっかくのよい意見、すばらしい提案でも、聞いてくれなくなるかもしれません。相手に耳を傾けさせるために必要なのがクッション言葉であり、謙虚さをアピールするためのものでもあります。

Point

反論も言い方次第。相手の不快感を軽減したクッション言葉を使うようにしよう

Step

④

残念な「公共の場」のマナー

Case 1

リア充アピールしすぎな人の「SNSの写真投稿」

スマートフォンのカメラ機能が進化したことから、気軽にSNS上に写真をアップする人が増えました。他人が映る写真は投稿の許可をとり、位置情報を削除することが大切です。

写真をSNSにアップするときの注意点

スマホで気軽に写真を撮れるようになったことから、SNSに写真を投稿（アップ）する人が増えています。ただし、知人が写っている写真を不注意にアップするのは要注意です。知人の中には自分の写真がアップされるのを嫌がる人もいます。

個人を特定されたくない、行動を知られたくない、写真写りが悪いことを気にしている、といった理由です。

たとえば、友人が会社との飲み会を断って飲み会に参加したとします。その写真をネット上にアップして、会社の人が目撃してしまうとトラブルに発展してしまいます。

また、気になる異性とSNS上でつながっていたとしたら、自身の写真写りの悪い姿は見せたくないのではないでしょうか。

知人の写っている写真を勝手に投稿することを「フォトハラスメント（フォトハラ）」と呼びます。必ず相手の許可をとってから写真をアップしましょう。また、写真のアップだけでなく、無断で撮影することもフォトハラに当たります。

住所などの個人情報が特定されないように注意する

スマホで撮影した写真には、「位置情報」が埋め込まれています。そもそも、位置情報サービスはGPSで居場所を特定するもの。位置情報サービスをオンにしたまま写真を撮影すると、撮影場所や日時情報が写真に記録されてしまいます。撮影場所を後から地図上で確認することもできるので大変便利な機能です。写真を共有している相手にも撮影場所を伝えることができるので、家族の思い出として残す写真ならこのメリットを存分に使いたいもの。

ただし、位置情報が埋め込まれた写真をネットにアップするのはリスクがあります。たとえば自宅で撮影した写真なら、自宅が特定されてしまうわけです。

SNSによっては自動的に写真の位置情報を削除するものもありますが、やはり投稿用の写真なら初めから位置情報をオフにしておきましょう。アプリごとに位置情報のオン／オフを設定できる機能もあるので、スマホの設定を確認する必要もあります。

なお、位置情報をオンにしたまま撮影した写真から、位置情報を消去できるアプリもあります。

ネットの世界には「ネットストーカー」と呼ばれる、特定の人物のSNSやブログなどを監視している人もいます。全く会ったこともないはずなのに、恋愛感情を抱かれている恐れもあるのです。

そのような相手に、自分の住んでいる場所などの個人情報を与えるのは非常に危険。ネットに投稿される写真や記載内容から、彼らは簡単に居場所を特定し、匿名の嫌がらせをしてくるかもしれません。ネットにアップした情報は二度と消せないので、細心の注意を払いましょう。

Point

SNSに写真をアップする前に個人情報をチェックしよう

Case 2

ノリが軽すぎる人の「SNSのつぶやき」

SNS やブログに気軽に仕事のことを書き込む人がいますが､ネット上のサービスは不特定多数の人が閲覧できます。グチは会社の人にバレる可能性がありますし、場合によっては罪に問われる可能性もあります。

ネットにクローズドな場はないと心得る

ＳＮＳやブログなどで個人が気軽に情報を発信できるようになりました。その一方で、トラブルが絶えないのもこれらのサービス。手軽に利用できるうえ、簡単にシェアできるために、思わぬところへ飛び火する可能性があります。

最近、多いのが、ＳＮＳの機能である「限定公開」で起きるトラブルです。友人だけの公開や、一定の時間を過ぎると自動的に消える書き込みなどは安心感があるようで、余計に気楽に発言してしまいます。しかし、たとえば限定公開された記事のスクリーンショットで、その画像を拡散することは可能です。「まさか友人がそんなことをするなんて」は間違った思い込み。記事がきわどいものであればあるほど、広まりやすくなってしまいます。

これは匿名で書き込める掲示板も同じで、「プロバイダ責任制限法」という法律に基づいて投稿者を特定できる場合もあります。２０１８年には20代の会社員女性がネット掲示板にプロ野球選手の妻を誹謗中傷する書き込みをし、損害賠償請求の裁判が行われるなど、現実に書き込んだ人の責任を問われるケースが増えています。

どんなサービスであれ、ネットへの書き込みは完全匿名にはできないのです。たとえば、友人に「絶対秘密だよ」と言ったところで、噂はたちまち広まるのと同じです。それがネットであれば一度書き込むと不特定多数の人がそれを閲覧でき、二度と消せなくなる可能性があります。

SNSでよく目にするNG

そもそも仕事について不用意に投稿するのは避けるのが基本です。会社や取引先などのグチや悪口は絶対にNGです。個人的な見解だとしても、見ている人には会社の公式見解と捉えられかねません。

グチや悪口でなくとも、広告部が発売の発表を秘密にしていたにも関わらず、「やっと○○の開発が終わった」などと書き込んでしまうと機密情報の漏洩になります。何気ない書き込みが問題となりますので、仕事のことは書かないほうがよいわけです。

一方で、自社商品を宣伝する書き込みも、個人ですべきではありません。そもそも商品PRは広報部や広告部がオフィシャルに行う仕事です。自分が担当している商品などを「友人に知ってもらいたい」という気持ちは理解できますが、広報部や広告部は、きちんと戦略を立て、規則をふまえてＰＲ活動を進めています。

その他、業務で知った情報を書き込むのもアウト。有名人が来店したというのも顧客情報で会社の機密情報です。軽い気持ちで一言書き込むだけでも、その有名人のプライバシーを損なったり、自社の株価に影響を与えたりしかねません。会社をクビになる可能性は当然、さらに最悪の場合、偽計業務妨害罪、威力業務妨害罪などに問われることもあります。

ただし、ＳＮＳにはメリットもたくさんあります。社会人としての振る舞いを求められていることをしっかりと認識して、楽しく使うようにしましょう。

Point

ＳＮＳは都合の悪いようにも見られている危険がある

Case 3

取り分け下手な人の「箸の使い方」

料理を取り分けるときに、箸を逆さにして料理をつまむ人がいます。自分の唾液がついていない部分で料理を取り分けようという気遣いなのかもしれませんが、これは残念ながらマナー違反です。

逆さ箸は行儀が悪い

大皿料理を取り分ける際に、多くの人がやりがちなのが自分の持っている箸を逆さにして料理をつまむこと。箸の先端は自分の唾液などがついているため、あえて箸を反対にすることで相手を不快にさせないために行っているのでしょう。

しかし、この「逆さ箸」はマナー違反です。理由は三つの説があります。

一つ目は、自分の手で触れた部分で料理を取ることになってしまうからです。口をつけた箸の先端に比べればマシと思うかもしれませんが、衛生上よいとは言えません。

二つ目は、箸の両端が汚れてしまうため見栄えがよくないことです。箸を持ち直す際も、自分の手が汚れてしまいます。

そして三つ目は、祝い箸と関係しているという説です。祝い箸とはおせち料理を食べるときに使う両端が細くなっている箸のこと。両端が細くなっているのは、片方は神様用でもう片方を人が使うという意味があるからです。この「神様用と人間用」という考え方は祝い箸以外にも当てはまるため、箸の反対側を使うのは失礼にあたるとされています。

外食時には、事前に取り分け用の箸を用意してもらうのがベターでしょう。自分の家にお客さまを招く際は、あらかじめ取り分け用の箸を置いておくのがマナーです。

何を取るか迷って箸を行き来するのもマナー違反

箸に関するマナーは他にもたくさんあります。

たとえば、どのおかずを食べるか迷って、料理の上のほうで箸が行ったり来たりしてしまった経験はないでしょうか。「迷い箸」と呼ばれるマナー違反です。

箸を出す前に頭の中で何を取るか決めてからにします。

その他のマナー違反の箸使い「忌み箸」を一通り押さえましょう。忌み箸をやると残念な人と思われますが、気を付けていると自然と品がよくなるようになります。

Point

忌み箸をおさえて、一流の箸使いになろう

忌み箸一覧

種類	動作
逆さ箸	箸を上下逆さにして使うこと
舐り箸	箸についたものを舐め取ること
寄せ箸	箸を使い器などを引き寄せること
持ち箸	箸を持った手で同時に他の器を持つこと
重ね箸	他にも料理があるなかで一つの料理を食べ続けること
迷い箸	料理の上で箸が行ったり来たりすること
刺し箸	料理に箸を突き刺して食べること
渡し箸	箸休めのために器の上に横にして箸を置くこと
涙箸	箸先から料理の汁をこぼしながら食べること
空箸	一度箸をつけた料理を取らずに箸を戻すこと
二人箸	一つの料理に二人以上が同時に箸をつけること
指し箸	箸で人のことを指す示すこと
かき箸	食器に口をつけて箸でかき込んで食べること

Case 4

太っ腹なのに嫌がられる人の「食事の会計」

デートでは、男性がお金を支払うという常識はすでに古いかもしれません。最近ではおごられたくない女性、おごりたくない男性が増えています。なぜ、男性が一方的にお金を支払うことに否定的な人が増えたのでしょうか。

「男性のおごり」に否定的な意見も出てきた

楽しかったデートの食事の会計でカッコいいところを見せたいと思い、男性が「おごります」と提案することがあります。ひと昔前まで、デート代は男性が女性におごるのが定番だったため、相手に好印象を与えることができました。

しかし、最近では、男性だけがお金を支払うことに否定的な女性もいます。おごるという提案をきっぱり断られて、その後押し問答をしてギクシャクした関係になってしまうことも……。

女性に限らず男性にも、おごることに対して否定的な人は少なくありません。主に次の2つの理由が挙げられます。

●収入格差が減ってきた

女性の社会進出が進んだことで、以前に比べて男女の収入格差は減ってきています。特に20代はその傾向が顕著で、厚生労働省の「平成29年賃金構造基本統計調査の概況」によると20代後半の賃金は男性は248・1万円、女性は225・9万円（25〜29歳。性、年齢階級別賃金)。差はわずかに20万円程度しかありません。

平均的な男性より稼ぎが多い女性もいる時代になったため、男性という理由でお金を支払うことに不満を覚えている男性もいるということでしょう。

◦相手に貸しをつくりたくない

おごられたくない女性の心理の一つが「貸しをつくりたくない」というものです。対等な関係を築くために割り勘にしたいという女性は少なくないようです。

「男性が女性におごるべき派」の意見は?

もちろん、依然として「男性がおごるべき」と考えている人は、男女ともに多数います。では、なぜ男性は女性におごりたがり、女性は男性におごられたいのでしょうか。

男性が女性に支払いをさせたくないのは、まず「相手に気に入られたい」という思いから。これに加えて、主に2つのケースが考えられます。

一つは、自尊心を満たすためです。「女性におごってあげる」という行為で、満足感を得ています。このような男性の心理は、女性がお金を出すことでかえって傷ついてしまうかもしれません。

もう一つは、何かしらの見返りを期待しているケースです。「おごってあげたのだから、親切にしてほしい」と意識的か無意識的かあるようです。

一方で、おごってほしい女性は、金銭面の得だけを考えているわけではありません。「おごってもらえる＝自分自身の価値」と考えているようです。心理としてはおごってもらえないと「自分は価値がない」と傷つく可能性があります。

実際、結婚相談所で婚活する男女がうまくいかなかった理由に「初回デートで男性の金払いが悪かった」がある、という報告もあります。

価値観と価値観を寄り添わせる

このように、最近は人によって価値観が異なってきていて、どれが正解というわけではありません。自分と相手との価値観がピッタリ同じなら問題はありませんが、そうとも限らないため、実際のデートの場での対応が余計に難しくなってきたと言えます。

解決策としては、「その場」だけのお金ではなく、トータルで考えて価値観を寄り添わせる方法があります。

もし、男性がお金を出したいタイプなら、女性は素直に出してもらう。それに罪悪感を持つ女性なら、後日、プレゼントをしたり、手料理をふるまう際の材料費を出したり、誕生日などの記念日に奮発したりすることもできます。また、おごられたくない女性に対して男性は気持ちを尊重しつつ、端数分を払うなど気持ち大目に支払うくらいにしましょう。

繰り返しますが、男女の金払い問題は、どれが正解というわけではありません。だからこそ、自分の価値観に固執せず、相手の価値観にも寄り添っていく。互いに納得できるスタイルを作ろうとする二人なら、よいパートナーシップを築けるはずです。

Point

おごりたい人には顔をたてるようにして、おごられたくない人には意思を尊重するようにしよう

Case 5

暇つぶしに どうしてもいじりたい人の「電車のスマホ」

満員電車では、多くの人がストレスを感じているので、いつも以上にマナー違反に敏感になっています。普段だったら気にならない電車内のスマホやリュックの使用もマナー違反になるので注意が必要です。

⬇満員電車内のスマホは身体に当たる

満員電車に揺られて出勤すると、朝からうんざりするものです。混雑率が１８０％を超えると乗客同士の身体が触れ合い、お互い圧迫するような状態になります。

このような状態のため、ただでさえ乗客はイライラしながら電車に乗っています。そんな中で周囲の人を気遣えないマナー違反は、周囲の人をさらに不快にしてしまいます。

かつて電車内で新聞を読む男性に対して、周囲の人が不快に感じていました。しかし、最近では電車内で新聞を読む人はめっきり減ったようです。その代わりに、電車内の迷惑行為として台頭したのがスマートフォンの使用。

一般社団法人 日本民営鉄道協会が発表した「駅と電車内の迷惑行為ランキング」（平成30年度）では、新しい項目「スマートフォンの使い方」が6位にランクインしました。

すでに私たちの生活に欠かせないスマホですが、なぜスマホが迷惑行為になるのでしょうか。上記の回答を詳細に見てみると、特に「混雑した車内での操作」を迷惑と感じる人が多いようです。主な理由として次の2つが挙げられます。

❶身体に当たる

満員電車でスマホを使っている人に背を向けていると、スマホが身体に当たります。特に電車が揺れたときは、背中にスマホが押しつけられる形になってしまいます。コツコツと背中に当たるのを不愉快に感じる人が多いようです。

❷スペースを使う

本人は無意識かもしれませんが、スマホを使うにはある程度のスペースが必要なため、無意識のうちに背中で後ろの人を押してしまっています。満員電車の中は人口密度が高いため、スマホの使用によってさらに一人一人のスペースが減ることにイライラしている人が多いようです。

リュックサックを背負うのはNG

先に紹介した「駅と電車内の迷惑行為ランキング」では、1位が「荷物の持ち方・置き方」でした。特に、背中や肩のリュックサック、ショルダーバッグ等を不快に感じる人が多いようなので、邪魔にならないよう抱えるか、網棚の上に荷物を乗せましょう。

荷物の上げ下ろしにも細心の注意を払ってください。重い荷物が他の乗客に当たってしまうと怪我をさせてしまう恐れがあります。

出張や旅行で大きい荷物を持たざるをえない人もいますし、満員電車で大きな荷物を持ってはいけないという決まりもありません。とはいえ、周りに迷惑をかけているのは事実なので、荷物が大きいときは満員の時間帯を避けることを検討してみましょう。

Point

満員電車のスマホとリュックは悪気がないのにマナー違反になっている

2018年度　駅と電車内の迷惑行為ランキング

順位	迷惑行為項目	割合(%)
1位	荷物の持ち方・置き方	37%
2位	騒々しい会話・はしゃぎまわり	36%
3位	座席の座り方	34%
4位	乗降時のマナー	34%
5位	ヘッドホンからの音もれ	23%
6位	スマートフォン等の使い方	21%
7位	酔っ払った状態での乗車	15%
8位	車内での化粧	15%
9位	ゴミ・空き缶等の放置	14%
10位	混雑した車内での飲食	10%

『荷物の持ち方・置き方』のうち、最も迷惑に感じる行為は？

迷惑行為項目	割合(%)
背中や肩のリュックサック・ショルダーバッグ等	66%
座席に置かれた荷物	9%
床(足もと)に置かれた荷物	8%

『スマートフォン等の使い方』のうち、最も迷惑に感じる行為は？

迷惑行為項目	割合(%)
混雑した車内での操作	41%
歩きながらの操作	32%
通話や着信音	10%

＊『一般社団法人　日本民営鉄道協会』ホームページより

Case 6

自分の世界に没入しすぎな人の「歩きスマホ」

あるアンケートによると歩きスマホの経験者は約半分いるというデータがあります。以前から歩きながらガラケーをいじるということはありましたが、なぜ歩きスマホはここまで騒がれるのでしょうか。

約半分の人が歩きスマホの経験あり

平成26年、東京消防庁は満18歳以上の男女400名に対し、歩きスマホに関するアンケートを行いました。

その結果、395名の回答があり「歩きながらや自転車に乗りながらスマートフォンや携帯電話を使用したことがある人」の割合は約半分の49・1％に及びました。

平成22〜26年の間、歩きながら、または自転車に乗りながらの〝ながらスマホ〟が原因で起きた事故で緊急搬送された人の数は152人にも及んでいます。その8割は軽傷でしたが、入院が必要な人は2割程度いました。

たとえば、階段でスマホを見ながら降りていたところ、足を滑らせてしまい階段から7段転落して足を怪我するという事故がありました。これは、自分自身が被害を被ったケースですが、場合によっては他人を巻き込んで大事故に発展することもあります。

2014年に、当時17歳だった少年が、スマホでゲームをしながら自転車を運転していたところ、81歳の女性と衝突し、あごや指の骨を折る重傷を負わせてしまいました。前方不注意が事故につながったと判断されたため、少年は重過失傷害容疑で書類送検されるという事態にまで発展したのです。

歩きスマホが歩きガラケーより危険なワケ

首都大学東京の樋口貴広教授は歩きスマホをしていると「非注意性盲」に陥りやすいと指摘しています。非注意性盲とは、一つのことに意識を集中すると、それ以外の知覚情報が鈍感になること。脳の処理できる情報量には限界があるために起こる現象です。

樋口教授は、スライド式のドアをタイミングや速度を変えて開閉したときに、スマホ使用者が避けられるかどうか、という実験を行いました。その結果、スマホ使用者の10%〜20%はドアと接触してしまったといいます。

この実験結果には、さらに注目すべきポイントがありました。意外なことに、「ドアがゆっくり移動するとき」に、スマホ使用者が避けられないことが多かったのです。

つまり、高齢者や子どもなど歩行速度が遅い人に気づかず、ぶつかりやすいということ。このような人達は、特に怪我を負いやすいため、思わぬ大事故につながりやすいわけです。

歩行者であっても、相手に怪我などをさせると、過失傷害罪や過失致死罪に問われる可能性があります。

とはいえ、歩きながら携帯を弄るマナー違反は、ガラケー全盛期からあったことでもあります。なぜスマホになった途端、大きな問題となっているのでしょうか。

愛知工科大学の小塚一宏教授によると、スマホの方が画面も大きく情報量が多いため、より脳が認識する視野が狭まってしまうからだといいます。

歩きスマホへの当たり屋に要注意

歩きスマホに関しては新たな問題も発生しています。それが、歩きスマホをしている人にあえてぶつかってくる当たり屋です。

2017年、60代の男性が歩きスマホをしていた女性に体当たりをし、頭蓋骨を骨折して一時意識不明となる重傷を負わせたとして、傷害容疑で書類送検されました。男性は女性が前を見ていなかったからだと主張していましたが、防犯カメラには数メートル前から方向を変え、女性へと向かっていく男性の姿が映っていたようです。

他にも、スマホを持ちながらわざと歩きスマホをしている人にぶつかり、自分のスマホを落として画面を割る当たり屋もいます。画面が割れたことを理由に高額の賠償金を請求してくる悪質なケースです。このような場合は、その場でお金を支払ってしまっては相手の思う壺。まずは、目撃者などを探し、警察に一緒に行くように提案してみると良いでしょう。

歩きスマホは日本だけでなく、世界中の社会問題です。

日本では、自転車を運転しながらスマホを使うと、道路交通法に基づいて5万円以下の罰金を課せられることがあります。今のところ、歩きスマホ自体を罰する法律は日本にはありませんが、海外ではアメリカのニュージャージー州など歩きスマホを規制する条例も生まれました。今後、日本でも法規制が検討されていくのかもしれません。

Point

歩きたいのかスマホをしたいのかどちらかにしよう

Case 7

いちいち真面目な人の「メールの件名変え」

メールの件名に「RE：」をつけることに罪悪感を覚えていないでしょうか。なかには、返信の度に件名を変えている人もいますが、かえって相手に迷惑をかける可能性があります。

RE：をつけるのはマナー違反？

メールの返信の度に件名を変える人がいます。件名にRE：をつけると「相手に対して失礼だ」という思いがあるのかもしれません。しかし、実は件名を変えることがかえって相手に対して迷惑になる可能性があります。

RE：がついている間は、同じ議題についてのメールだとわかりやすいからです。メールの件名は「内容に合ったもの」にするのが基本です。相手から来たメールの返信であれば、内容は相手の問いに対する答えのはず。わざわざ件名を変える必要はないわけです。

件名が同じなら、後でメールを検索するときも、RE：がついているほうがひと目で同じ内容と認識しやすくなるでしょう。

また、メールソフトによっては、件名ごとにメールがまとめられている「ツリー構造」になっているものもあります。RE：を外してしまうと、新規のメール扱いになってしまうことがあり、やりとりの時系列がわかりづらくなるわけです。そのため、メールの内容が同じであれば、件名は変えずに、RE：がついたまま送るほうがよいと言えます。

一方で、話の主題が変わったら件名を変えるのが原則です。

たとえば、商品Aについてメールでやり取りをしていたとします。やりとりの中で、話題が商品Bに変わった場合は、件名を変えるわけです。

いつまでも件名を変えずにメールのやり取りをしていると、件名と内容がどんどんズレていきます。内容に一区切りついたら、積極的に件名を変えていきましょう。

わかりやすい件名にすることが大切

メールを書く際、多くの人は本文に細心の注意を払います。このこと自体は問題ありませんが、相手が最初にチェックするのは件名です。

どんなにわかりやすい本文を書いても、件名がわかりづらいと、後回しにされてしまいがちです。最悪の場合、迷惑メールとして処理されたり、開封されずに忘れ去られてしまうこともあるでしょう。わかりにくい残念な件名には次のようなものがあります。

「会議について」

「ありがとうございました」
「発表会の件」

わかりやすい件名を書く3つのポイントをおさえて例のように書きましょう。

❶具体的な数字を使う。
❷用件を端的に表すキーワードは前に寄せる。
❸全体で20文字程度に収める

例）「4月12日（金）の会議について」「第5回発表会の打ち合わせ」

Point

仕事ができる人は、メールの件名をみればわかる

Case 8

グルメな人の「立食パーティー」

立食パーティーでは、端の方に椅子が用意されています。ただ、これらの椅子に長居していると周りの人たちから白い目で見られてしまいます。知らないと恥をかく立食パーティーのマナーを確認しましょう。

椅子に座ってもいい？

社会人になると、レセプションパーティーや結婚式の二次会など、立食パーティーに招待される機会が増えていきます。日本では、海外に比べると立食パーティーに慣れていない人も多いのですが、参加するからにはきちんとマナーを守りたいものです。

まず大切なのは、立食パーティーでの椅子は基本的に使用しないこと。立食パーティーといっても、会場には端に椅子が用意されていることがあります。理由は、「足腰の弱い方に向けた配慮」です。

この椅子に健康な人が座ってしまうのは、電車の優先席に座るようなもの。年配者や足腰の弱い方が優先なので、健康な人は使用を避けたほうがよいわけです。

一時的に利用するならまだしも、独占はタブーと言えます。

そもそも、立ったままで食事をするのが立食パーティー。参加者が座った状態で行われる食事会より、料理や飲み物を運ぶスタッフの負担が減るため、コストを減らせる利点があります。一人当たりの料金も安く済ませることができるでしょう。

ただし、立食パーティーのメインの目的は別にあります。それは、立食だとさまざまな人と交流ができること。椅子に座ったままの食事会では、両隣や前方くらいしか交流ができません。会場内を歩き回りながら、多くの人と話をすることができるのが立食パーティーの良さです。そのため、特定の人とのみ話し続けるのもマナー違反と言えます。

皿のスペースは4分の1空けておく

目的が交流ということは、立食パーティーにおける食事はあくまでサブという位置づけであることも確認しておきましょう。皿に取る量は抑え目にすること。パーティーが食事時に開催される場合には、ガツガツ食べることのないよう開始前にあらかじめ軽食をとってお腹を満たしておくようにします。

料理は、お皿を置いてから用意されているトングなどを使って取り分けます。盛りつける料理は3品程度までに抑え、お皿4分の1程度は空けておきます。立食パーティーでは皿やグラスを持ちながら移動しなければいけないため、手で持つ部分を確保しておかなければいけないのです。

口に運ぶ際には、きちんと立ち止まることも大切です。目的はパーティー参加者との交流なので、食事に夢中になりすぎるのは問題ですが、だからといって歩きながら食事をするのもマナー違反です。

人と会話をする際などは、他の人の邪魔になる場所で立ち止まらないように配慮するのができる大人です。料理の置かれたテーブルや出入り口付近を陣取ってしまうと、周りの人に配慮しましょう。また、会話中は皿をテーブルに置き、手にはグラスのみにするとスマートな振る舞いになります。

Point

立食パーティーでの立ち居振る舞いはよく見られているため、マナー違反をすると目立つ

Case 9

急ぎすぎな人の「自転車のベルの鳴らし方」

前に歩行者がいるときに、ベルを鳴らすことで注意喚起をしようとする人がいます。しかし、実はこれは道路交通法違反です。最悪罰金となるケースもありますので、緊急時以外はベルを鳴らすのはやめましょう。

2万円以下の罰金を取られることもある!?

自転車で走行しているときに、目の前の歩行者で進めなくなるケースは珍しくありません。

そのようなとき、自転車のベルを鳴らすことで注意喚起を促し、目の前の人をどけようとする人がいます。しかし、このベルの使い方は道路交通法違反。ベルの間違った使い方です。最悪2万円以下の罰金になるケースもあります。

法律上、自動車のクラクションは「警音器」とされています。つまりクラクションは緊急に注意を促すためのもの。むやみやたらとクラクションを押すことは法律違反です。

しかし実は法律上、自転車のベルも自動車のクラクションと同等という扱いになっています。あくまで緊急用。不用意に自転車のベルを鳴らすことも、クラクションと同様の迷惑行為なのです。自分の進行の妨げになるからといって、相手をどかすために使うのはNG行動といえるでしょう。

歩行者に気づいてもらうための方法

そもそも、歩道と車道が分かれている場合、基本的に自転車は車道を通るのが決まりです。自転車が歩道を通れるのは、「車道が狭い」「自動車の交通量が多い」など、やむを得ない事情に限ります。つまり、歩道は基本的に歩行者優先。歩行者が邪魔だからという理由で、ベルを鳴らすのは理にかなっていません。

実際、歩行者側にとって、自転車のベルは攻撃的に感じてしまうもの。不快な思いをさせてしまいます。道幅に余裕がある場合は、自分が歩行者から大きく離れて走行するようにしましょう。

しかし、歩行者の横を自転車で追い越すのは非常に危険です。衝突事故につながりかねません。特に、電気自動車やスポーツタイプのバイクなど簡単にスピードが出る自転車が普及しています。近年は自転車と歩行者の事故で死亡者も出ており、重大な事故になることも珍しくなくなっています。

そもそも、自転車を減速させることで、その減速時のブレーキ音で歩行者はこちらの存

在に気づくことが多いものです、
気づいてもらない場合は、歩行者の後ろを減速しながら走って様子を見ましょう。雰囲気や後輪のラチェット音（カチカチというホイールが空回りする音）で歩行者に気づいてもらえる可能性が高まります。

それでも歩行者に気づいてもらえないときは、ベルを鳴らすのではなく、

「すみません、自転車を通らせてください」

と、一声かけるようにしましょう。

ベルよりも、ソフトに言葉をかけることで、攻撃の意図がないことが相手に伝わります。こころよく道を譲ってくれる可能性が高まるはずです。

Point
むやみに自転車のベルは鳴らさずに、相手に気づいてもらえる努力をしよう

Step

⑤ 残念な「冠婚葬祭」のマナー

Case 1

フランクすぎる人の「SNSでの結婚式の招待」

婚約をすると、各種方面に報告をしなければいけません。しかし、安易にツイッターなどのSNSを使うのは御法度。特に、結婚式の招待状に関しては、SNSは使わずにハガキで招待状を一人一人に送るようにしましょう。

婚約の報告はまず直属の上司から

婚約をすると、友人や同僚などさまざまな人に対して、婚約を報告することになります。その中でも、最初に報告しなければいけないのが直属の上司です。上司にとって、部下の婚約は今後の仕事に大きく関わってくるもの。なるべく早く知らせて、業務に支障のないようにするのが大切です。

報告する時期は、会社の就業規則などで決まっていることもあります。婚約したら、まず就業規則をチェックしてみましょう。報告時期についての定めがなくても、結婚にまつわる休暇の規定、会社の手続きや引き継ぎなど、さまざまな準備があります。

注意したいのは、上司より先に、会社の同僚などに報告しないことです。噂が広まって、上司の耳に入ってしまい嫌な印象を与える可能性もあります。まずは直属の上司への報告が最優先。その際に、いつ頃、誰に報告するべきか、上司の指示を仰ぎます。

また、社内恋愛から結婚に発展したケースでは、別々のタイミングで報告をしないように気を付けましょう。もし、同じ部署同士の男女で結婚する場合は、一緒に直属の上司に報告に行きます。
別の部署の場合は、報告の日時を一致させましょう。別の日に報告してしまうと、先に報告された上司から、報告していない上司に話が漏れてしまう可能性があります。日にちはもちろん、できれば時間帯までタイミングを合わせて上司に報告すると良いでしょう。

上司への婚約の報告をメールなどで済ませるのはタブー。面と向かって報告します。一般的には、昼休みなど業務時間外にしますので、事前に「プライベートなことで相談がございまして、お時間をいただけますか」とお願いして時間をつくってもらいます。

上司に婚約を報告する際は、必要な情報を漏らさないように注意が必要です。婚約の報告と同時に、次の点もきちんと報告しましょう。

・仕事を続けるか
・引っ越しをする予定はあるか

・結婚式の日程（決まっている場合）
・新婚旅行の日程（決まっていない場合は、おおよその日程）
・妊娠しているか（妊娠している場合は必ず伝える）

もちろん、仕事を辞めるとなれば新たな人員を確保する必要がありますし、仕事を辞めない場合でも、新婚旅行などで休暇を取ることになります。妊娠している場合も、育休期間の分の人員を補充しなければいけません。

予定を報告することが、業務で迷惑をかけないことにつながります。

なお、会社の上司に仲人を依頼する際は、婚約の報告と同時にするのが一般的です。最近は減ったとはいえ、媒酌人や結婚式当日の挨拶を依頼する場合には、その旨も婚約報告時にお願いするとよいでしょう。

結婚式の招待状はハガキで送る

友人への婚約報告はSNSでも問題ありません。遠方の友人などすべての人に直接会って報告するのは非常に大変だからです。

しかし、親しい友人には、やはりＳＮＳではなく直接会って報告したいものです。特に遠方にいるわけでもないのに婚約報告をＳＮＳで受けると、自分のことを大切に思ってもらえていないのだと感じてしまいます。


また、婚約の報告をＳＮＳで行ったとしても、結婚式に招待する際は、ＳＮＳではなく招待の往復はがきを一人一人に送るようにします。

出欠に関してはプライベートな情報になるので、グループＳＮＳで聞くのは御法度です。

招待状は、遅くとも結婚式当日の２ヶ月前には発送します。１ヶ月前には人数を確定させるのが一般的です。時間に余裕を持って準備を進めるのが大切です。

Point

婚約を快くお祝いしてもらうためには、報告の仕方に注意しよう

Case 2

気持ちをのせすぎちゃう人の「結婚式の招待状の返信」

結婚式の招待状の返信ハガキにデコレーションを使って、オシャレに文字を消すことが流行しています。親しい友人同士の間柄でやりがちですが、結婚式は親族なども集まるかしこまった儀式です。ポイントを抑えて控えるようにしましょう。

デコレーションはしてもいい？

結婚式の招待状の返信ハガキには、出欠の返事として「御出席」「御欠席」と書かれている欄があります。相手はこちらの行動に対して敬語を使って「御出席」と表記されているのです。当然、返信ハガキは自身の行動を伝えるもの。自分を敬うのは間違っているため、「御」という文字を定規を使って二重線で消して返信するのがマナーです。

最近では、結婚式の返信ハガキにデコレーションして、オシャレに「御」という文字などを消す人が増えてきています。まるでアートのように飾った返信ハガキは美しく、楽しいものですが、目上の人には失礼にあたるので避けましょう。

問題は、仲の良い友人です。気心が知れた相手なら、クリエイティブな返信ハガキに喜んでくれるかもしれません。とはいえ、親しい友人であっても、趣向を凝らしすぎた返信ハガキはやはりオススメできません。本人たちがお互いに楽しめるのなら良いと感じるかもしれませんが、返信ハガキを見るのは新郎新婦本人だけとは限らないからです。

結婚は本人同士の問題とは言われますが、一方で家と家をつなぐものでもあります。新郎新婦本人ではなく、両親などが返信ハガキを目にする可能性もあるわけです。本来、結婚式の招待状および返信ハガキはかしこまったものですので「マナーを知らない人だ」と新郎新婦の親族から軽蔑されてしまうかもしれません。

返信ハガキの送り方・書き方

欠席の場合は、すぐに連絡すると相手をがっかりさせてしまいます。あまり遅すぎる連絡は迷惑がかかりますが、数日程度間を置いてから電話でその旨を伝えましょう。

その後、お祝いとお詫びの言葉と共に返信ハガキを送ると、丁寧な印象を与えることができます。

欠席の理由は、親しい間柄であれば正直に伝えてもよいでしょう。それ以外のケースなら、「家庭の事情」や「重要な仕事」など曖昧な理由でも問題ありません。

メッセージでは、お祝いの言葉を贈ると良いでしょう。次の文例などを参考に一言添えると相手も喜ぶのではないでしょうか。

「ご結婚おめでとうございます　幸せな二人に会えるのを楽しみにしています」

メッセージを書くときは、句点（、）読点（。）を打たないようにします。お祝い事には終止符をうたないという考え方によるものです。文章の切れ目はスペースや改行で調節しましょう。

他にも、忌み言葉は使わないようにします。「忙しい」という言葉は心を亡くすと書くので避けた方がいいでしょう。また、「重ね重ね」や「度々」という言葉も、同じ言葉を繰り返す重ね言葉です。「結婚を繰り返す」という意味になり縁起が悪くなります。

Point

親しい人の晴れ舞台で恥をかかすことなく、お祝いしよう

Case 3

盛り上げ下手な人の「結婚式のブーケトス」

経済動向によって結婚式のスタイルが変化してきました。式の恒例イベントの一つであるブーケトスですが、最近では参加することを嫌がる女性が増えています。どうしてブーケトスは不評になりつつあるのでしょうか。

結婚式のスタイルはどのように変化している？

結婚式のスタイルはどんどん変わってきています。１９８０年代はバブル絶頂期だったため、「ハデ婚」が主流でした。新郎新婦がスモークの中から出てきたり、ゴンドラに乗って天井から登場する演出もあったようです。

しかし、１９９０年以降は、バブルが崩壊した影響で「ジミ婚」と呼ばれるこじんまりとした結婚式が行われるようになりました。不要なお金をカットするためです。中には「ナシ婚」といって、婚姻届を届けるだけで結婚式をあげないカップルも増えてきたようです。

どんなにスタイルが変わっても、いつの時代も結婚式の定番となっているのがブーケトス。花嫁が未婚の女性に向かって背を向けながらブーケを投げるイベントです。ブーケを受け取った女性は花嫁から幸せをお裾分けしてもらうことで、次に結婚できるというジンクスがあります。

由来は14世紀のイギリスで、当時は結婚式の参加者が花嫁の幸せにあやかるためにウェディングドレスやブーケの小物などを取っていってしまうケースが後を絶たなかったのが転じて、ブーケを投げて取るというイベントになったと言われています。

ブーケトスを参加者が嫌がる理由とは？

ただし、一見、盛り上がるイベントのように見えるブーケトスは、最近の出席者には好まれないケースもあるようです。場合によっては参加者が傷ついてしまったり、嫌な思いをしてしまうことすらあります。

というのも、参加者が未婚の女性に限定されているために、ブーケトスに参加することで自分が未婚であることをさらすような気にさせられるからです。

そもそも、さまざまな暮らし方が受け入れられつつある昨今、未婚の人も増えています。ブーケトスは「次に花嫁になれる」という縁起を担いでいますから、結婚願望のない女性にとって生き方を強要されてしまうようなもの。逆に失礼と感じる人もいるようです。

そのため、独身女性に限らず老若男女全員参加型のイベントも増えています。「幸せのお裾分け」という意味合いなら、独身に限定する必要はありません。

ブーケトスを行う際の注意点

ブーケトスを行う際は、出席者に進行のプログラムなどでその旨を伝えておくこと。当日サプライズで参加者を募ると人が集まらないこともあります。スムーズに進行するためにも不可欠です。

さらにブーケは小さく軽めなもの。オススメはクラッチブーケです。小ぶりな上にワイヤーが少なく、当たっても痛くありません。費用も抑えられます。意外と遠くに飛ばすことは難しいため、本番では参加者に新婦の近くに立ってもらうようにします。

とはいえ、結婚式の主役は新郎新婦。自分が参加者の場合は末永い幸せをお祝いする意味でも、また場を盛り上げるためにも、できるだけ参加してあげるとよいかもしれません。

Point

結婚式の主役は新郎新婦。ブーケトスのイベントも祝福のひとつと考えよう

Case 4

気持ちが重すぎる人の「結婚式のお祝いの品」

友人や親戚が結婚すると、お祝いとして結婚祝いの品を渡すことがあります。相手も喜んでくれるでしょうが、渡すものやタイミングによってはかえって相手に迷惑になってしまうこともあるので、注意が必要です。

結婚のお祝いの品で喜ばれない渡し方とは

友人や親戚が結婚したとき、結婚祝いの品を渡すことがあります。貰った側も嬉しくなるはずの結婚祝いですが、渡し方のマナーを間違えるとかえって迷惑をかけることになるので注意が必要です。

まず、結婚祝いは「結婚式の1週間前まで」に渡すのが基本。それまでに渡せなかった場合は後日渡しても問題ありませんが、結婚式当日は避けます。

結婚式当日はホテルに宿泊し、翌日からそのまま新婚旅行に出掛ける夫婦も少なくありません。新婚旅行前に荷物を増やしてしまうので、避けたほうがよいわけです。新婚旅行に行かない場合も、結婚式当日は何かと荷物が多いので、同じく避けます。

そのため、プレゼントは新婚旅行から帰ってきた後、結婚式からある程度の時間を置いてから贈るようにしましょう。結婚式当日は、ご祝儀だけ持っていくようにします。

結婚祝いの品を選ぶ際は、「忌み言葉」を連想させるものはなるべく買わないように注意しましょう。

たとえば、包丁やナイフなどは「縁が切れる」という言葉を連想させてしまいます。他にも、ハンカチは漢字で「手布《てぎれ》」とも書くため別れを連想させますし、櫛は「苦と死」を連想させてしまいます。また、日本茶も弔事に使われることが多いことから、祝い事の結婚の際に贈らないほうがよいと考えられています。

最近では、「切れる」ではなく「幸せを切り開く」など、忌み言葉に対して好意的な解釈をしてくれる人もいますが、縁起が悪いことを気にされてしまう可能性も高いため、避けたほうが無難です。

結婚祝いの相場と喜ばれやすいもの

結婚祝いとして喜ばれやすいのが、お揃いの箸やペアグラスなど二人で使えるお揃いのものです。ガラスの食器やグラスは「割れる」を連想させることから以前は縁起が悪いとされていました。しかし、最近では気にしない人が増えているようで、ペアグラスは結婚祝いの定番になりつつあります。

ただし、あまりに定番すぎると、他の人の結婚祝いと同じものになりがちです。特に家電など大きなモノは保管にも困ります。気の置けない仲なら、事前に相手の希望を聞いてから用意したほうがよいでしょう。
迷うようならグルメや体験のカタログギフトがおすすめです。夫婦で好きなものを、好きなタイミングで使えるため、喜んでもらいやすいでしょう。

結婚祝い品の金額の相場は、「相手との関係」や「結婚式の出欠」などで変わってきます。結婚式に出席する場合、友人や同僚には5000円程度、親戚の場合は1万〜3万円程度が相場です。結婚式に欠席する場合は相場が少し高くなり、友人や同僚には1万円程度、親戚の場合は3万〜5万円程度となります。
親しい人だと、ついつい奮発してしまいがちですが、あまりに高すぎるプレゼントは相手に気をつかわせてしまいます。高すぎず、相場におさまる品を選ぶようにしましょう。

Point

せっかくお祝いに用意するので、一番喜んでもらう方法を考えよう

Case 5

故人を悼みすぎた人の「納棺の品」

故人の思い出の品として副葬品を入れるときに注意が必要なのが写真選び。生きている人が写っていると、その人も一緒に向こうの世界に連れて行かれるという習わしがあるため、他人が写ってない写真を選びましょう。

写真を棺に入れてはいけない理由とは

葬儀では、納棺の際に、故人との思い出の品を副葬品として添えることが習慣となっています。故人の思い出の品、思い入れの深い趣味の品など、「一緒に向こうの世界に持っていかせてあげたい」といったモノを棺に入れるわけです。

故人が輝いていた頃の思い出の写真を入れることも多くありますが、写真選びには注意が必要です。

本人のみが写っている写真であれば問題ありません。しかし、故人の友人など、他人が写っている場合は避けるのがマナーです。

というのも、生きている人が写った写真を棺に入れてしまうと、その写っている人物が向こうの世界に連れて行かれるという習わしがあるからです。

もちろん、本人たちの了承があるのであれば棺に入れてもよいですが、後々のトラブルに発展する可能性もあるので、無断で入れるのは御法度です。

特に、集合写真などの場合は、すべての人に許可をとることは難しいでしょう。棺に入れるのには適していないと言えます。

ただし、家族写真であれば事前に許可を取ることも難しくありません。全員の意志を確認したうえで副葬品とすることはあり得ます。ペットの写真なども、他人に迷惑をかけるわけでもないので問題ないと言えます。

棺には燃えるものだけ

基本的に棺に入れられるものは「燃えるもの」に限られます。たとえば、ネクタイやタバコ、手紙などです。

逆に、燃えないものは副葬品にできません。

注意が必要なのは、メガネとアクセサリー。故人が普段身につけていたモノを棺の中に入れたいと希望する人は多いようです。

ただし、メガネもアクセサリーも不燃物です。火葬すると焦げて、中途半端な形だけが残ってしまいます。どうしても、という場合にはキレイな状態のメガネやアクセサリーを骨壺に入れる方法を検討しましょう。

また、一見燃えそうな本や食べ物もそのまま入れてしまうと、すべて燃え切らないことがあります。これらを入れる際は、数ページを小さく切り分けたりするなど、工夫をして燃えやすい状態にするとよいでしょう。

もし、副葬品が燃え切るか不安なときは、事前に葬儀屋に相談すると、良いアドバイスがもらえるかもしれません。

Point

故人を送り出す納棺のしきたりを知らないではすまされない

Case 6

返事不要と言ったのに心配される人の「香典の渡し方」

遺族に香典を渡すと、忌が明けたあとに香典返しという品が送られてきます。しかし、これは遺族にとって負担になるため、香典を渡すときに香典返しを辞退することも可能です。

香典を辞退する人が増えている？

通夜や葬儀などに参列する際は香典を持参します。香典とは、お線香などの代わりに故人の霊前に供える金品のこと。不祝儀袋に現金を入れて渡します。金額については、職場や友人関係だと5000円～1万円程度が一般的です。

香典を渡すと、香典返しというお返しの品を受け取ります。香典返しを受け取る時期は宗派などによって異なりますが、30日～50日後が目安です。地域によっては、葬儀当日に香典返しをすることもあります。

香典返しの品はおおよそ香典の半額程度のもの。不祝儀を残さないという考え方から、食べ物や飲み物、石けんなどの日用品が多いようです。

ただし最近は、故人の遺志や参列者の負担を減らすという配慮から香典を辞退する葬儀が増えています。この場合、香典返しもないのが一般的です。

香典を辞退する場合は、訃報の連絡や葬儀の案内などにその旨が記載されています。葬儀会場に、香典を辞退する旨を記載した看板が置いてあることもありますので、素直に従います。

無理に香典を渡すと、予定にない香典返しを用意することになり、遺族に負担をかけてしまいます。また、故人の遺志で香典を辞退している場合は、その遺志を尊重することが弔いになると考えられます。

香典返しの辞退はアリ？

「香典は渡すが、香典返しは遺族の負担になるから辞退したい」という場合もあるでしょう。辞退したい場合には、不祝儀袋に香典返しを辞退する旨を記載します。通常、裏面や中袋の住所氏名欄の横に記載します。

ただし、香典の金額には注意が必要です。香典の金額が高いと、遺族が香典返しをしないことに罪悪感を持ってしまうかもしれません。あえて通常よりも若干安い金額で香典を渡すと、遺族も香典返しの辞退を受け入れられやすくなるでしょう。

3名までなら連名しても個人名を書く

香典は個人がそれぞれ出すのが一般的ですが、連名で出すことも可能です。連名で出すときは、人数によって不祝儀袋の書き方が変わるので注意してください。

●連名する人数が3名まで

不祝儀袋に3名の名前をフルネームで記載します。会社関係の場合は、最右に会社名を書いたうえで、職位が上の人から順に右から書き入れます。職位などがない場合は、50音順などでも問題ありません。

●連名する人数が4名以上

不祝儀袋の表書きは団体名に一同とつけます。内袋や便箋に全員の名前と住所を記載すると遺族がわかりやすく、親切です。

なお、連名で香典を贈るときは、遺族の負担を軽減するために、香典返しは辞退したほうがよいでしょう。

オンライン葬儀では香典は任意

最近では、遠方で葬式に参加できない人に向けてオンライン葬儀を行っているところもあります。冠婚葬祭事業を行う電映堂は葬儀の様子を動画配信し、オンラインで参列するというサービスを始めました。遺影の下のお焼香ボタンを押すと、遺影に煙がかかります。

オンライン葬儀の場合は、香典は有料コースだと任意、無料コースだと強制になります。香典返しや通夜振る舞いがないため、香典を送るとしても一般的な香典金額の半分程度が目安のようです。

Point

香典のお断りも、香典返しのお断りもアリ

Case 7

コスパ重視しすぎる人の「年賀状メール」

年賀状は日本独特の文化で、戦後に入ってからますます日本人に浸透してきました。しかし、その年賀状も最近ではSNSやメールで済ます人が増えています。相手から年賀ハガキが届いても、メールで返信して良いのでしょうか。

年賀状文化は平安時代からあった？

年賀状は海外ではあまり見られない日本独特の文化と言われています。その歴史は古く、現存する最古の年賀状は、平安時代の貴族、藤原明衡の手紙の文集のなかにあるとか。新年にお世話になった人に挨拶をして回る「年始回り」という習慣が平安時代から一部の貴族の間で始まり、遠方で会えない人には年賀状を送るようになったのがきっかけです。

年賀状が現在の形に変化したのは、明治4年に郵便制度が開始したことです。明治20年頃には年賀状を出す人が急増。1月1日の消印を狙って元日付近に大量のハガキが投函されるため、郵便局員は不眠不休で消印作業をしていたといいます。そのため、現在のように、年末に投函された年賀ハガキは、特別扱いで消印を元日にするようになりました。

この年賀状文化は、戦後にはすっかり定着しました。その頃から年賀状の発行枚数はずっと右肩上がり。1949年に1・8億枚だった発行枚数は、2003年に44億5396万枚にまでなっています。

ところが近年、この傾向はガラリと変わってしまいました。年賀状の発行枚数は右肩下がりで、2018年には25億5930万枚と最盛期の約6割程度まで減少しています。


主な理由として考えられるのがスマホの普及です。特に若い世代は、メールやSNSなどのやり取りで新年の挨拶を済ませてしまう人が多くなっています。若い世代同士、友人同士であれば、メールやSNSでの年賀メールはすでに当たり前。特にマナー違反とは言えません。

年賀ハガキが届いたら、同じく年賀ハガキで返す

年賀状を出していない相手から年賀状が届いたら、返信はやはり年賀ハガキで行いましょう。相手は手間をかけてハガキを送ってくれています。メールで返信するのは、手間を省かれていると受け取られかねません。

当然、返信の年賀状は元旦を過ぎてしまいますが、松の内までに相手に届けば失礼ではないとされています。松の内は、正月の松飾りを立てておく期間です。地域によって若干、

年賀ハガキ発行枚数(万枚)

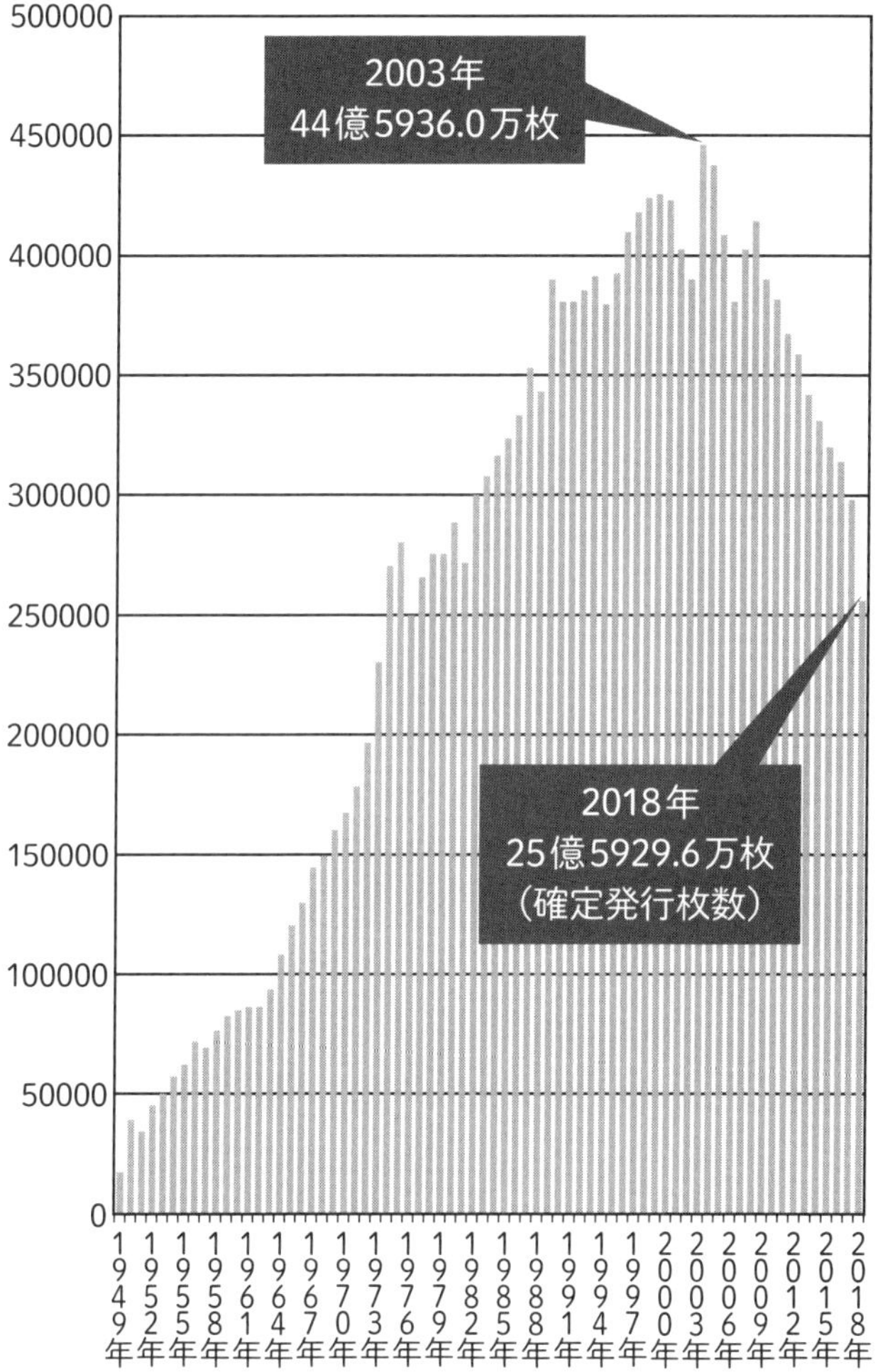

＊ガベージニュースより

異なりますが、一般的には1月7日を松の内とするところが多いようです。

松の内までに届けられない場合は、年賀状ではなく「寒中見舞い」にします。寒中見舞いは、松の内が明ける日から立春（年によって異なるが、おおむね2月4日）までに贈る挨拶状。年賀状と違って喪中の際などにも送れるため、こちらの近況を伝えつつ、相手への気遣いを表現するツールとして利用したいところです。

なお、年賀状の返信はハガキで行うのが基本ですが、どうしてもメールで返信する場合は「メールで失礼致します」など、相手がハガキを送ってきたのにメールで返信することをきちんと詫びてから、新年の挨拶を行いましょう。

年賀状を送ると近況報告ができる

年賀状には年始の挨拶以外にも、普段中々会えない人にも近況報告ができるというメリットがあります。年始の挨拶だけであればSNSでも問題ないかもしれませんが、普段SNSやメールでやり取りをしない間柄の人に送るのは憚られるのではないでしょうか。

しかし、年賀状であれば、そのような人たちに対しても自然に近況報告ができます。改まってSNSで近況報告をするのは違和感がありますが、年賀状であれば自然にお互いの近況を知ることができます。年賀状を通して、昔の友人が結婚していることや、実は新しい会社に転職していたことを知ることもあります。疎遠になりがちだった昔の友人の近況を知り関係を続けられるというのが、SNSにはない年賀状ならではのメリットだと言えるでしょう。

また、年賀状は親しい人に対しても感謝の気持ちを伝える機会になります。普段照れくさくて中々感謝を伝えることはできないかもしれませんが、せっかく年賀状を送るなら挨拶だけではなく感謝の言葉も一言添えると良いのではないでしょうか。

終活で年賀状を送らなくなることも

近年では、高齢者の間でも、年賀状の送付をやめる動きがじわじわと広まっているようです。「年賀状じまい」と言われる活動で、高齢になったことをきっかけに、残りの人生をよりよく生きる終活の一環として捉えられています。

年賀状じまいをする際は、突然ではなく、まず相手に宣言すること。次の年から遠慮する旨を記載した年賀状を送って、翌年からやめるのがマナーです。

もし、年賀状じまいを伝えられたときは、こちらからも年賀状を送らないようにしましょう。もらった年賀状はありがたく受け取るという人もいますが、自分は送らない年賀状を受け取ることに罪悪感を覚える人もいます。

年賀状、寒中見舞い、SNS、メール、電話……。方法はいろいろありますが、お世話になった気持ちを折々で伝えることは、人間関係をよくするために欠かせません。相手への感謝を伝えるものと捉えて、続けていきたい文化ではないでしょうか。

Point

年賀状は年に一度の特別な挨拶。社会人なら手間暇かけてやっておきたい

Case 8

大人になってしまった人の「お年玉の渡し方」

お正月の恒例イベントの一つがお年玉です。子どもの頃はワクワクしていたものですが、渡す立場になると誰に、いくらあげれば良いか悩んでしまいます。お年玉は誰にまで渡せば問題ないのでしょうか。

お年玉の由来とは

子どもがお正月を楽しみにしている理由の一つはお年玉ではないでしょうか。

そもそも、元旦はその年の年神様が幸福を授けるために訪れる日。お年玉の起源は、その年の年神様から授かる「新しい魂」が起源と言われています。つまり「お年魂」だったわけです。

この「お年魂」が、「お餅」に変化し、お金に代わったのが「お年玉」の習慣というわけです。年神様に代わって、大人が新しい魂を子どもにあげているとも言えるでしょう。形を変えても、子どもの健やかな成長を祈るものに違いはありません。

さて、お年玉で悩むのが、「誰に、いくらあげればよいのか」問題です。親戚や友人の子どもなども含めると人数が多くなってしまいます。一度お年玉をあげると、来年以降ももらえるものと期待させてしまうかもしれません。渡す相手は慎重に選びたいものです。

一般的には、自分の子どもに加えて、甥・姪（兄弟姉妹の息子・娘）までお年玉をあげることが多いようです。友人の子どもなどは対象外であることが多いため、特別に親しい関係でなければ、お年玉をあげなくても失礼とは言えないでしょう。

もちろん、最終的には各家庭の方針により自由です。年の離れたいとこ、またいとこの子どもや友人などにあげても問題ありません。

ただし、目上の人の子どもにお年玉をあげることはやめたほうが無難でしょう。お年玉は、目上の人が目下の人に渡すものだからです。上司など目上の人の子どもにお年玉を渡す場合には、「玩具料」など別の表記を使う方法があります。

普段お世話になっている祖父母や両親に、感謝の意味を込めて現金を渡したい場合には、「御年賀」という表記が喜ばれるでしょう。

お年玉の金額の相場は？

事前に親戚同士、友人同士で話し合っておくとトラブルを防ぐことができます。自分の方針、相手の家庭方針をすり合わせることで、お年玉をあげた・あげなかったというトラブル、また金額に差が出すぎてしまう問題を避けることができます。

なお、三井住友銀行の「お年玉に関する親子意識調査」では小学生の親がお年玉で渡す妥当だと思う金額について、38・1％が「5000円以下」、31・9％が「5000円～1万円」と答えています。一方でお年玉を貰う子どもの回答は、23・9％が「5000円以下」、30・1％が「5000円～1万円」、になっています。

もちろん、年齢によっても金額は変わります。小学生未満なら1000円程度、低学年～中学年は3000円程度、高学年が5000円、中学生以上になったら1万円程度が相場でしょうか。

お年玉もキャッシュレス化の波が!?

最近では、現金以外の方法で支払いをするキャッシュレス化が進んでいます。日本ファイナンシャルアカデミーが子どものいる男女300人に行った「キャッシュレスとお年玉に関する意識調査」によると、6割がキャッシュレス派であると答えました。

しかし、お年玉に関してはキャッシュレス化することは良く思われないようです。お年玉をキャッシュレスで渡している親はわずか4％。さらに、全体の約7割の人が、お年玉をキャッシュレス化することを良く思わないそうです。
お金の大切さやありがたみが子どもに伝わらないのではという懸念から、現金派の親が多いのです。親戚や友人の子どもにキャッシュレスでお年玉をあげようとしても、その親が良い顔をしないのでやめた方が無難です。お年玉は現金で渡しましょう。

大人にとっては悩ましいお年玉ですが、人と人の間で魂のやりとりをするという本来の意味からいうと、「子どもに新しい魂をあげて、自分も新鮮な魂を受け取る」すがすがしい行事なのかもしれません。
そうでなくとも、年が離れた人とのつき合いは、自分へのよい刺激です。たとえお財布が寂しくなっても、心があたたまる行事ではないでしょうか。

Point

かつてお年玉をどのようにもらっていた？ その頃よりちょっといい渡し方をしよう

【主な参考文献】

『遊ぶ日本語 不思議な日本語』飯間浩明［著］（岩波書店）
『いま、拠って立つべき日本の精神 武士道』新渡戸稲造［著］岬龍一郎［訳］（PHP研究所）
『心をつかむ！ 新しいビジネスマナーの基本』北條 久美子［著］（高橋書店）
『どこまでOK？がすぐわかる！冠婚葬祭の新マナー大全』笹西 真理［監修］（成美堂出版）
『最新ビジネスマナーと 今さら聞けない仕事の超基本』石川和男［監修］（朝日新聞出版）
『ほんの一言で印象はガラリと変わる！ できる大人の語彙力練習帳』ビジネス文章力研究所［編］（ディスカヴァー・トゥエンティワン）
『いつも日本語で悩んでいます』朝日新聞校閲センター［著］（さくら舎）
『イラッとされないビジネスメール 正解 不正解』平野友朗［監修］（サンクチュアリ出版）

【主な参考ホームページ】

文化庁／厚生労働省／朝日新聞デジタル／一般社団法人 日本民営鉄道協会／日本郵便／三井住友銀行／日本ファイナンシャルアカデミー／日本ネットワークセキュリティ協会／第一三共／ガベージニュース

編者紹介

話題の達人倶楽部
カジュアルな話題から高尚なジャンルまで、あらゆる分野の情報を網羅し、常に話題の中心を追いかける柔軟思考型プロ集団。彼らの提供する話題のクオリティの高さは、業界内外で注目のマトである。本書は、「がんばっているのに報われない」「いい人と言われるけど嫌煙される」そんな人に向け、やりがちなマナー違反を厳選して収録した。「わるい人じゃないんだけど、なんか残念な人」が「頼りになる人」にかわる！

日本人《にほんじん》の９割《わり》がやっている
残念《ざんねん》なマナー

2019年８月５日　第１刷

編　者　話題《わだい》の達人倶楽部《たつじんくらぶ》

発行者　小澤源太郎

責任編集　株式会社プライム涌光
電話　編集部　03(3203)2850

発行所　株式会社青春出版社
東京都新宿区若松町12番1号〒162-0056
振替番号　00190-7-98602
電話　営業部　03(3207)1916

印刷・大日本印刷　製本・ナショナル製本

万一、落丁、乱丁がありました節は、お取りかえします

ISBN978-4-413-11299-4 C0030

できる大人の大全シリーズ

古代日本の実像をひもとく

出雲の謎大全《たいぜん》

瀧音能之

ISBN978-4-413-11248-2

できる大人はやっぱり！語彙力［決定版］

話題の達人倶楽部［編］

ISBN978-4-413-11275-8

できる大人は知っている！

雑学 無敵の237

話題の達人倶楽部［編］

ISBN978-4-413-11277-2

仕事ができる人の頭の整理学大全《たいぜん》

ビジネスフレームワーク研究所［編］

ISBN978-4-413-11287-1